dtv

RAYK ANDERS

DER BARBAR IN UNS MUSS LIEBE FINDEN

Warum das Land verroht und wie wir uns wehren können

dtv

**Ausführliche Informationen über
unsere Autorinnen und Autoren und ihre Bücher
finden Sie unter www.dtv.de**

Dieses Buch ist auch als eBook erhältlich.

Zitate: S. 10: Emil Gött: *Selbstgespräch. Aphorismen*,
Waldkirch 1982; S. 22: Primo Levi: *Die Untergegangenen und
die Geretteten*, München 2015, S. 214; S. 56: Hagen Rether,
Tweet, 04.12.2008; S. 78: Louisa May Alcott: *An Old-Fashioned Girl*,
New York 1996; S. 168: Konrad Adenauer, Regierungserklärung,
15.12.1954, Bulletin 236/54; S. 202: Erich Kästner: *Über das
Verbrennen von Büchern*, Atrium Verlag, Zürich 2012,
© Thomas Kästner; S. 216: Doug Moench: *Batman*,
Vol. 1, #0, 10/1994, DC Comics, USA

Originalausgabe 2021
© 2021 dtv Verlagsgesellschaft mbH & Co. KG, München
Das Werk ist urheberrechtlich geschützt.
Sämtliche, auch auszugsweise Verwertungen
bleiben vorbehalten.
Für Inhalte von Webseiten Dritter, auf die in diesem Werk verwiesen
wird, ist stets der jeweilige Anbieter oder Betreiber verantwortlich,
wir übernehmen dafür keine Gewähr. Rechtswidrige Inhalte waren
zum Zeitpunkt der Verlinkungen nicht erkennbar.
Umschlaggestaltung: semper smile, München
unter Verwendung eines Fotos von Mike Rufner
und Motiven von shutterstock.com
Foto S. 223: Mike Rufner
Gesetzt aus der Candida Std
Satz: Uhl + Massopust, Aalen
Druck und Bindung: CPI books GmbH, Leck
Printed in Germany · ISBN 978-3-423-26296-5

Für Ebru.
Für immer.

INHALT

VORWORT

»Entscheidender Energieunterschied:
Die Barbarei will siegen,
die Zivilisation möchte nicht verlieren.«

Emil Gött

Noch bis vor Kurzem konnte man im Internet ein faszinierendes Produkt bestellen. Einen auffälligen Sticker, ungefähr so breit und lang wie ein Nudelholz. Er ist so groß, dass er nur knapp auf die Rückseite eines handelsüblichen Laptops passen würde. Sein Design ist äußerst simpel und nutzt lediglich zwei Farben: Der Hintergrund ist eine gelbe Farbfläche. Und über diese gelbe Farbe zieht sich – über die gesamte Breite des Stickers – in schwarzen, fetten Großbuchstaben nur ein einziges Wort: *Barbarian*, englisch für »Barbar«.

Der Online-Shop, der diesen Sticker anbot, wurde mittlerweile geschlossen. Er verkaufte viele Produkte, über die man sich Gedanken machen könnte: Aufnäher mit den in der rechtsextremen Szene weitverbreiteten Runen-Symbolen; T-Shirts mit aufgedruckten Weisheiten wie »Gewalt ist golden« oder »Leben ist Konflikt, Frieden ist der Tod«.* Die Models auf den Fotos trugen als modisches Accessoire schon mal eine Handfeuerwaffe. Man kann sich den Shop in etwa vorstellen wie Zalando für Neonazis.

Was den *Barbarian*-Sticker in dieser Masse von Arti-

---

* Im englischen Original lauten diese T-Shirt-Aufschriften »Violence Is Golden« und »Life Is Conflict, Peace Is Death«. Es sind Zitate des US-amerikanischen Autors Jack Donovan, einem Aushängeschild der rassistischen Alt-Right-Bewegung.

keln hervorhob, war seine Produktbeschreibung.
Sie lie-
ferte nicht nur übliche Infos zu Preis, Größe oder Ver-
fügbarkeit, sondern auch eine geradezu philosophische
Zusammenfassung, die dem geneigten Kunden den un-
vergleichlichen Wert einer Barbaren-Gesellschaft auf-
zeigte:

»Die Barbarei ist der natürliche Zustand des Menschen.
Zivilisation ist unnatürlich. Sie ist eine Laune der Verhältnisse.
Und die Barbarei muss immer am Ende triumphieren.«*

Eine solche Ablehnung der Zivilisation, ein derartiges
Loblied auf Barbaren, kann im ersten Moment überraschen. Die Barbarei steht immerhin für das Schlechteste
im Menschen. Das Recht des Stärkeren statt gleiche Rechte für alle.
Krieg und Gewalt statt Bildung und Kultur. Zerstören
statt aufbauen. Stumpfes Stammesdenken und Ausgrenzung ersetzen Nächstenliebe und Mitgefühl. Die Barbarei ist das Gegenteil der zivilisierten Gesellschaft. Menschen sollen nicht nach Höherem streben, sondern ihren
niedersten Instinkten nachgeben. Die dunklen Seiten in
uns – rücksichtslose Gier, kaltherzige Vorurteile und primitive Brutalität – sollen nicht hinterfragt oder gar über-

---

* Dieses Zitat aus dem Online-Shop haben die Anbieter übrigens nicht
selbst verfasst. Es stammt von Robert E. Howard, einem in den 1930er-
Jahren verstorbenen Autor aus den USA. Ihm wurde immer wieder die
Verherrlichung von Faschismus und Rassismus vorgeworfen; in einem
seiner Werke, der Geschichte *Wings in the Night*, schreibt er etwa:
»die dunkelhäutigen Menschen vergehen [...] aber über allen steht
der arische Barbar, weiße Haut, kalte Augen, dominant, der überlegene Kämpfer der Erde« (Übersetzung des Autors). Hätte eigentlich
auch prima in diesen total normalen Online-Shop gepasst.

wunden, sondern als unsere wahre Natur gefeiert werden. Es gibt nur wenige, die das Barbarentum so offen glorifizieren wie die Anbieter des *Barbarian*-Stickers. Aber die Bereitschaft, sich von der modernen Welt abzuwenden, breitet sich heute in weiten Teilen unserer Gesellschaft aus.

Es ist ein Irrglaube, dass es zwingend immer nur vorwärts geht. Fortschritte können rückgängig gemacht werden. Errungenschaften können verloren gehen. Frieden und Freiheit sind keine Selbstverständlichkeiten. Historisch betrachtet sind sie sogar die absolute Ausnahme. Und wir bewegen uns mit großen Schritten wieder davon fort. Die Anzeichen sind nicht zu übersehen. Forderungen nach einer Abkehr von der zivilisierten Welt gibt es überall, nicht nur in fragwürdigen Online-Shops. Sie kommen mittlerweile auch von Politikern, Medienmachern und Aktivisten, die konsequent darauf hinarbeiten, in unserem Land volle Kraft zurück einzulegen. Zu den erfolgreichsten »Barbaren« von heute gehört dabei zweifelsohne die Alternative für Deutschland (AfD). Erst 2013 gegründet, hat sich die Partei in Rekordzeit als feste Größe in der deutschen Politik etabliert. Keine andere politische Kraft arbeitet in unserem Land so sehr darauf hin, die moderne Gesellschaft zu bekämpfen, wie sie. Und keine andere Partei ist dabei so erfolgreich. Von Mitgliedern dieser Partei wird daher in diesem Buch noch öfter die Rede sein.

Die großen Namen der AfD sind bekannt. Charaktere wie Gauland, Höcke oder Weidel. Die Vorsitzenden und Führungsfiguren aus der ersten Reihe, die mit demokratie- und menschenfeindlichen Aussagen spektakuläre Erfolge bei Wahlen feiern konnten. Doch die AfD existiert und arbeitet nicht im Vakuum. Sie hat viele Unterstützer und Helfer im Hintergrund. Zu den einflussreichsten zählt der Verleger Götz Kubitschek. Er ist ein enger Vertrauter von Björn Höcke, dem radikalen Aushängeschild der AfD. Kubitschek selbst gilt als einer der wichtigsten (wenn nicht sogar als *der* wichtigste) Vordenker und Strippenzieher der sogenannten Neuen Rechten in Deutschland. Die Neue Rechte ist eine rechtsextreme Strömung, die sich vom Image der »alten« Neonazis abgrenzt. Also kein offensichtlicher Auftritt wie früher, mit Bomberjacke, Glatze und Springerstiefeln, sondern ein möglichst neutraler Look. Damit möchte man Bürger aus der Mitte der Gesellschaft für radikale Inhalte gewinnen. Man kann es vergleichen mit dem Märchen-Wolf, der Kreide frisst, um harmlos auf seine Opfer zu wirken. Menschen müssen erst getäuscht und in falscher Sicherheit gewiegt werden, bevor man sie für die eigenen, radikalen Ziele gewinnen kann.

Die Taktik ist so perfide, wie erfolgreich: **Faschistische Ideen werden langsam aber sicher wieder salonfähig.** Religionsfreiheit abschaffen, Politiker töten, Journalisten einsperren, Juden verfolgen: Was bei uns lange als unsagbar galt, wird heute hemmungslos durch Megafone über deutsche Marktplätze gebrüllt. Es überflutet Kommentarspalten im Netz und wird bei Demonstrationen auf Schildern und Plakaten durch unsere Städte getragen. Wäre ich vor zehn Jahren ins Koma gefallen und erst heute wieder aufgewacht, ich würde mein Land nicht wiedererkennen. Es fällt mir so schon schwer genug. Natürlich: Eine freie Gesellschaft ist niemals selbstverständlich. Demokratie und Menschenrechte müssen immer wieder aufs Neue erklärt und verteidigt werden. Es ist ein lebendiger Prozess, kein starrer Zustand. Aber früher kam es mir zumindest so vor, als käme unsere Gesellschaft an Kreuzungen: Wir begegnen Herausforderungen, Problemen oder Chancen und entscheiden dann gemeinsam, wohin es gehen soll. Mal nach rechts, mal nach links, ab und zu auch einfach ab durch die Mitte. Immer in Bewegung, und wohin unser Pfad uns führt ist längst nicht ausgemacht.

Mittlerweile fühlt es sich oft so an, als würden diese kleinen Abweichungen kaum noch eine Rolle spielen. Das Ziel scheint festzustehen und alles, was sich ändert, ist die Geschwindigkeit, mit der wir es erreichen. Ähnlich wie eine lange Reise mit dem Auto geht es zwischendurch mal schneller und mal langsamer, Stau hier, Baustelle dort, doch am Ende führt der Weg in eine einzige Richtung. In unserem Fall steuern wir auf den Abgrund eines autokratisch geprägten Deutschlands zu. Ein Land, das sich vom modernen Kurs der vergangenen Jahrzehnte abwendet. Wo gleiche Rechte nicht für alle gelten, sondern der Wert eines Menschen wieder von Herkunft, Hautfarbe oder Glaube abhängig gemacht wird. »Wenn einmal die Wendezeit gekommen ist, dann machen wir Deutschen keine halben Sachen, dann werden die Schutthalden der Moderne beseitigt«, so verspricht es Björn Höcke von der AfD. Wir erleben nicht weniger als einen barbarischen Frontalangriff auf unsere Zivilisation.

Ich war in den vergangenen Jahren viel in Deutschland unterwegs. Lesungen auf kleinen und großen Bühnen, Vorträge bei Stiftungen und Verbänden, Podiums-diskussionen von Parteien und Universitäten, Workshops an Schulen. Dabei höre ich immer wieder die Sorgen der Menschen über das, was gerade vor unser aller Augen passiert. Darunter ältere Menschen, die schon vor 30 oder 40 Jahren aus anderen Ländern nach Deutschland kamen, etwa aus der Türkei, Sri Lanka oder Kenia. Bürger, die hier ihr Leben aufgebaut, Karriere gemacht und Familien gegründet haben. Sie berichten, dass sie sich in der deutschen Gesellschaft noch nie so abgelehnt fühlten, wie heute. Dass sie von fremdenfeindlichen Deutschen auf offener Straße beleidigt, bespuckt, bedroht werden. Dass ihre Kollegen auf der Arbeit sie anders behandeln. Auch die jüngeren Generationen bemerken die Veränderung. Schüler und Studenten haben Angst. Sie überlegen, wohin sie auswandern sollen, falls Rechtsextremisten tatsächlich bald an die Macht kommen. Und man muss in Deutschland immer dazu sagen: *Wieder* an die Macht kommen.

Bei meinen Reisen und Begegnungen höre ich häufig, dass die rechten Kräfte deshalb so stark werden, weil sie ihren Anhängern vor allem Angst und Hass verkaufen. Und obwohl diese Einschätzung sicher nicht grundsätzlich falsch ist, greift sie dennoch zu kurz: Das Wichtigste, was die neuen Barbaren ihrer Gefolgschaft anbieten, ist Sicherheit.

Nicht, dass wir uns falsch verstehen: Keine physische Sicherheit. Also kein Schutz vor Gewalt, Überfällen, oder was auch immer. Es geht vielmehr um die Sicherheit ihrer Weltanschauungen. Die sanfte und tröstende Bestätigung, dass sie »okay« sind, wie sie sind: »Ja, klar hast du Angst vor Menschen mit schwarzer Haut – die sind nun mal alle Verbrecher, weiß man doch! Natürlich muss man den Koran verbieten – Muslime sind schließlich alles Terroristen, das ist Fakt! Auf jeden Fall sollte man Homosexuelle ins Gefängnis werfen – die sind alle psychisch krank und pädophil, du hast vollkommen recht!« In dieser Tour geht es immer weiter. Für jede noch so menschenfeindliche und antidemokratische Auffassung gibt es ein verständnisvolles Schulterklopfen. Man wiegt sich gegenseitig in Sicherheit, dass man mit all seinen verachtenswerten, faschistischen Überzeugungen vollkommen in Ordnung ist. Dass man sich nicht weiterentwickeln oder alte Vorurteile überdenken muss. Man erhält die erlösende Gewissheit, mit seiner Angst und seinem Hass auf der »richtigen« Seite zu stehen. Die zentrale Botschaft ist: *Du musst dich nicht ändern*. Für viele ist das eine unbeschreibliche Entlastung. Eine Mischung aus Vergebung der Vergangenheit und Freifahrtschein für die Zukunft: »Nein, natürlich warst du nie homophob oder rassistisch! Du hast nichts falsch gemacht! Du bist perfekt! Und, ach ja, mach doch am besten genau so weiter! Oder leg sogar noch eine Schippe drauf!« Die feste Überzeugung, dass man selbst kein Extremist ist, sondern lediglich bürgerlich oder konservativ sei, ist die verführerische Lüge, mit der man sich vor jeglicher Kritik selbst freispricht.

Es ist eine leidlich bekannte Strategie der Zivilisationsfeinde, sich gegenüber der breiten Masse als ungefährlich zu inszenieren. Aber egal, wie geschickt und wortgewandt sie ihren Angriff auf unsere Freiheit verkaufen wollen; egal, wie kalkuliert sie sich einen neuen Look verpassen, um ihren Opfern eine oberflächliche Nähe vorzuspielen: In ihrem inhaltlichen Kern sind und bleiben sie Feinde der zivilisierten Welt. Und ohne unseren entschiedenen Widerstand werden sie dieses Land unerbittlich zurück in dunkelste Zeiten befördern. **Noch ist es nicht zu spät. Noch können wir unsere Freiheit beschützen.** Aber die Zeit läuft uns davon. Diejenigen, die gegen unser modernes Miteinander kämpfen, spüren Rückenwind. Überall können sie beobachten, wie sich Menschen von der Zivilisation abwenden. Die taktische Selbstverharmlosung wird angesichts dessen immer seltener notwendig. Verachtung vor der Demokratie wird salonfähig, der Rückfall in alte Zeiten offen herbeigesehnt. Die Fassade bröckelt – weil sie es kann.

Im Sommer 2019 konnte man ein vielsagendes Foto im Nachrichtenmagazin *Der Spiegel* sehen.* Es zeigt Götz Kubitschek, an einem Tisch sitzend, vor einem Laptop. Der dazugehörige Artikel handelte vom damaligen Richtungsstreit in der AfD, den die radikalen Kräfte in der Partei endgültig gewonnen hätten. Es ging viel um Björn Höcke, aber eben auch um seinen einflussreichen Freund Kubitschek. Das Foto des vielleicht wichtigsten Unterstützers der AfD – in der Öffentlichkeit ist er stets um ein harmloses, beinah intellektuelles Auftreten bemüht – wäre eigentlich nichts Besonderes, wenn es nicht ein spannendes Detail enthalten würde. Vielleicht war es Zufall. Vielleicht ein Bekenntnis. Vielleicht eine Drohung.

---

* Wer es nicht glauben kann und selbst sehen möchte: Zu sehen ist es in *Der Spiegel*, Ausgabe 29/2019.

Auf dem Laptop vor ihm prangte ein auffälliger Sticker. Ungefähr so breit und lang wie ein Nudelholz. So groß, dass er nur knapp auf die Rückseite des Bildschirms passte. Der Sticker hatte lediglich zwei Farben und über seine gesamte Breite zog sich in schwarzen, fetten Großbuchstaben nur ein einziges Wort: *Barbarian*.

1 SEHNSUCHT NACH GRAUSAMKEIT

**»Es ist geschehen, und folglich
kann es wieder geschehen.«**

Primo Levi, Auschwitz-Überlebender

über den Holocaust

Neuer Hass

Ernst gemeinte Frage: Warum herrscht in Deutschland heute nicht mehr der Nationalsozialismus? Warum wird Hitler in unserem Geschichtsunterricht nicht als großer Führer gefeiert, sondern als Monster verurteilt? Warum hat man 1945 plötzlich aufgehört, Juden in Konzentrationslager zu stecken? Es gibt nur eine ehrliche Antwort darauf. Das Dritte Reich endete nicht, weil die Deutschen damals eingesehen hätten, dass es falsch war. Es gab keinen gesamtgesellschaftlichen Diskurs à la »Oha, ganz schön furchtbar, was wir hier machen, hören wir mal mit dem Nazi-Müll auf!« Einen Scheiß gab es. Der einzige Grund, warum die deutsche Flagge heute Schwarz-Rot-Gold statt Schwarz-Weiß-Rot ist und wieso die deutsche Hauptstadt »Berlin« und nicht »Germania« heißt, ist, dass andere Länder so lange Bomben auf uns geworfen haben, bis wir aufgegeben haben. Punkt.

Es gab keinen moralischen Sinneswandel, es gab eine militärische Niederlage. Gewaltiger Unterschied. Deutsche hörten nicht auf, sich zum Nazi-Regime zu bekennen, weil sie *wollten*, sondern weil sie es nicht mehr *durften*. Man hat Nazis gejagt, vor Gericht gestellt und für ihre Verbrechen teilweise hingerichtet. Ich bin ein entschiedener Gegner der Todesstrafe, aber ich erkenne an, dass diese Vorgehensweise damals die einzige Sprache war, die die nationalsozialistischen Barbaren dieser Zeit verstanden haben. Dadurch bekamen viele Nazis so viel Schiss, dass sie anschließend dankenswerterweise erst mal für einige Zeit ihre faschistische Fresse gehalten haben. Doch ihren Hass auf Juden, Homosexuelle und Linke haben sie oft nicht verloren. Zumindest aber haben sie ihn in der Öffentlichkeit in der Regel für sich behalten und in ihre kalten Herzen hineingefressen, anstatt andere damit zu vergiften. Immerhin.

Das Ende der Nazi-Zeit ist nicht lange her. Ein paar Jahrzehnte, kaum ein durchschnittliches Menschenleben lang. Nur ein paar kostbare Jahre Frieden. Nicht mehr als zwei oder drei Generationen von Familien, die nicht im Krieg aufwachsen mussten. Historisch nicht mehr als ein Wimpernschlag. Aber offenbar schon wieder zu viel. Bei zahlreichen Deutschen kocht das Blut wieder. Es war jetzt lange genug mit Freiheit und Demokratie, es soll endlich wieder krachen! Das Leben in Frieden überfordert die Menschen. Es ist ein erbärmliches, frustrierendes Trauerspiel.

Man könnte meinen, wenn es nur *ein* Land auf dem Planeten geben sollte, das seine Lektion bezüglich Gewaltgeilheit und Wir-sind-die-Auserwählten-Nationalismus gelernt hat, dann Deutschland. Im Ernst, wir haben's probiert und es war sehr, sehr scheiße. **Faschismus ist eine Einbahnstraße ohne Tempolimit direkt in die Hölle, also: nein danke und gerne nie wieder!** Wir hatten Zeit, unsere eigene Geschichte zu reflektieren. Zu verstehen, wie Demokratien kippen. Wie freie Gesellschaften sterben und mit ihnen alles, was wertvoll ist. Alles, was *wirklich* wertvoll ist. Wir konnten den Opfern und Überlebenden zuhören, aus ihren Erfahrungen lernen und ihnen versprechen, ihre Warnungen verdammt noch mal ernst zu nehmen. Tja, und hier sind wir nun. In Deutschland steigt die Akzeptanz für antidemokratische Einstellungen wieder. Um zu verstehen, wie verflucht gefährlich das ist, machen wir uns kurz noch mal klar, was eine Demokratie eigentlich ist. Nehmen wir zu diesem Zweck an, es gäbe ein Land mit nur drei Einwohnern. Gehen wir für dieses Beispiel außerdem davon aus, diese drei Einwohner wären du, Garfield und das Krümelmonster. Nun herrscht in eurem Drei-Leute-Land ein Problem: Garfield möchte, dass die Steuern auf Lasagne gesenkt werden. Das Krümelmonster will stattdessen niedrigere Steuern für Kekse. Beides gleichzeitig geht nicht, weil schwierige Finanzlage gerade. Da euer kleines Land in diesem Gedankenexperiment eine Demokratie ist, wird über alles abgestimmt. Du bist der Dritte im Bunde und daher hängt es von dir ab, wie es jetzt weitergeht. Entweder entscheidest du dich für eine Seite von beiden, Garfield oder Krümelmonster, und es steht somit zwei Stimmen gegen eine. Dann hat die Mehrheit gesiegt. Oder du nimmst eine Position als Vermittler ein und schlägst vor, dass man eventuell vielleicht doch beide Steuern senken kann, aber dann halt nicht so stark, sondern bei jedem nur ein bisschen. Dann siegt der Kompromiss. So funktionieren demokratische Entscheidungen: Man versucht einen Mittelweg zu finden und einen Ausgleich von Inte-

25

ressen zu erreichen. Und am Ende gewinnt die Idee, auf die sich die Mehrheit einigen kann.

Im Faschismus hätte Garfield euch beide für mehr Lasagne umgebracht und anschließend Polen überfallen. Die Bereitschaft für diese Art von Politik nimmt in unserer Gesellschaft leider zu. Das ist kein Bauchgefühl, sondern wissenschaftlich messbar. Die traditionsreiche Otto-Brenner-Stiftung legte dazu 2019 eine aufsehenerregende Studie vor: **Laut ihren Erhebungen wünschen sich heute rund 25 Prozent der jungen Deutschen einen »starken Führer«.** Einen kernigen Typ an der Spitze, der endlich mal so richtig durchgreift und »sich nicht um Parlamente und Wahlen kümmern muss«. Die Teilnehmer dieser erschütternden Studie waren zwischen 18 und 29 Jahren alt.

Soll ich's noch mal sagen? Jeder vierte (!) deutsche Wähler unter 30 Jahren möchte gerne einen Kerl an der Macht, der ohne Kontrolle durch andere Politiker oder das Volk herrschen kann. Diese Wählerschaft ist ernsthaft bereit, einem solchen »Führer« einen politischen Blankoscheck auszustellen: Er soll halt machen können, was er will. Wird schon das Richtige sein. Was sollen auch diese ganzen Politiker im Bundestag, alle mit ihren eigenen Fachrichtungen und Erfahrungen? Wer braucht die schon? Wozu Hunderte Experten zu komplexen Themen wie Arbeitsrecht, Klimaschutz, Bildung, Gesundheitsversorgung, Kulturförderung, Steuergerechtigkeit und vielem mehr, wenn ein Mann allein den ganzen Kram auch selbst bestimmen kann? Ist doch viel effizienter! Und Wahlen können wir uns in so einem Land natürlich direkt auch sparen, na logo! Dieser ganz besondere Führer soll sich ja schließlich nicht um lästige Wahlen kümmern müssen. Dann müssen wir auch nicht mehr ein Mal alle vier Jahre sonntags raus, um ein total anstrengendes Kreuz auf einen viel zu langen Wahlzettel zu machen, hallelujah! Wer soll sich da noch auskennen, bei so vielen unterschiedlichen Parteien auf dem Zettel, bei so vielen Wahloptionen. Sorry, das ist einfach zu viel Freiheit.

Die Vorteile eines starken Führers liegen dagegen auf der Hand: Weniger Zeit damit verschwenden, sich Gedanken darüber zu machen, was man selbst eigentlich will (oder was für die Mitmenschen wichtig sein könnte). Stattdessen alles einen starken Mann ganz oben entscheiden lassen, um dafür mehr Zeit für die wichtigen Dinge im Leben haben! Zum Beispiel in der Nase popeln. Oder am Handy lustige Filter über Fotos setzen. Im Idealfall natürlich beides gleichzeitig. Mega, so stelle ich mir doch die Grundlage einer fairen und lebenswerten Gesellschaft vor!

Ich habe schon oft mit Leuten gesprochen, die die Meinung vertreten, dass sich das Nazi-Problem in Deutschland irgendwann schon »von selbst« lösen werde. Allein von der Demografie her, also wie sich die Bevölkerung bei uns zusammensetzt.

Ihre Logik geht in etwa so: Die jüngeren Menschen heutzutage wachsen doch total frei und tolerant auf. Das verrückte Weltbild von früher, »Deutsche = Übermenschen« und »andere Nationalitäten = minderwertig«, das hat bei denen doch keine Chance. Bei den Älteren, na gut, da seien natürlich noch so einige Alt-Nazis dabei. Menschen mit harten Vorurteilen und tief sitzendem Rassismus, geprägt durch die Kindheit und Jugend in früheren Zeiten. Aber die sind doch schon alle alt und irgendwann sterben die einfach weg. Und übrig bleiben dann, na klar, irgendwann nur noch die coolen, jungen Menschen von heute. Keine Sorge, die Faszination für brutale Führer und blutigen Nationalismus wird also zwangsläufig aussterben! Einfach so verschwinden, ganz von selbst! Mit Verlaub: Was für ein Schwachsinn.

Dem widersprechen nicht nur, wie gesagt, die Studienergebnisse der Otto-Brenner-Stiftung, sondern auch unsere schmerzlichen Erfahrungen mit rechtsextremen Terroristen. Anfang der 2000er-Jahre ermordete der sogenannte Nationalsozialistische Untergrund (NSU) zehn Menschen, davon acht mit türkischer Herkunft, einen mit griechischen Wurzeln und eine deutsche Polizistin. Die Mitglieder des NSU, Beate Zschäpe, Uwe Mundlos und Uwe Böhnhardt, waren zum Zeitpunkt des ersten Mordes allesamt deutlich unter 30 Jahre alt. David Sonboly, der rassistische Attentäter, der 2016 in München gezielt das Feuer auf Menschen mit Migrationshintergrund eröffnete und dabei neun Menschen erschoss, war 18 Jahre alt. Stephan Balliet, der rechtsextreme Terrorist, der 2019 in Halle eine Synagoge stürmen wollte und zwei Menschen umbrachte, war zum Zeitpunkt der Tat 27 Jahre alt. Und ich soll warten, dass alte Nazis sterben und sich das Problem demografisch von allein löst?

Junge Menschen sind durch ihre Jugend nicht automatisch besser oder friedlicher, genauso wie ältere Menschen durch ihr Alter nicht schlimmer oder blutrünstiger sind. Einen wichtigen Unterschied gibt es aber dennoch: Junge Menschen sind besonders beeinflussbar. Es hat seinen Grund, warum Leute durchschnittlich mit etwa 15 Jahren das Rauchen anfangen. Weil wir in diesem Alter unsicher, ängstlich und orientierungslos sind. Wir wollen dazugehören, cool sein, akzeptiert werden. Viele von uns stehen in der Jugend unter einem wahnsinnigen inneren Druck. Dieser macht uns zu formbarer Masse und kann leicht gegen uns verwendet werden. Du weißt nicht, wer du bist? Hier, rauch eine. Du bist jetzt Raucher, du bist jetzt erwachsener und cooler. Vielleicht verliebt sich sogar jemand in dich und du wirst glücklich? Nichts zu danken, beste Grüße, deine Tabakindustrie. Versuch dagegen mal, einem erwachsenen Nichtraucher klarzumachen, dass er mit dem Qualmen anfangen soll.»So, also dieses Produkt hier macht Mundgeruch, kostet einen Haufen Geld und Krebs bekommst du auch!« Du läufst gegen eine Betonwand.

Je früher man junge Menschen mit etwas konfrontiert, das reizvoll für sie ist, desto empfänglicher sind sie dafür. Aus diesem Grund packt auch McDonalds Spielzeuge in seine Menüs oder baut Spielplätze vor seine Restaurants. Man möchte Kinder im Laden, sie sollen frühzeitig an den Geschmack und die Marke herangeführt werden. Auf diese Weise gewinnt man Kunden fürs Leben. Auch die rechte Szene versucht, ihren Nachwuchs so früh wie möglich zu gewinnen. **Rechte Parteien und Vereine warten in den letzten Jahren verstärkt mit Angeboten für junge Menschen auf**:

- Die vom Verfassungsschutz beobachtete Jugendorganisation der AfD, die *Junge Alternative*, bietet in ihrem bayerischen Landesverband regelmäßige Gaming-

Abende an. So ein bisschen Zocken und nebenher über rechte Politik klönen, ja, warum denn nicht?

- Die Neonazi-Partei *Der III. Weg* veranstaltet jährlich einen eigenen Jugendtag, der junge Menschen mit Live-Musik, Armdrück-Wettbewerben und Kampfsportturnieren anlocken soll. Dazwischen wird in Reden auf der Bühne die Bekämpfung der »identitätsraubenden multikulturellen Gesellschaft« beschworen.

- Mitglieder der rechtsradikalen *Identitären Bewegung* versuchen, junge Leute mit Online-Videos, Flashmobs und Boxtrainings an sich zu binden.

- Das sogenannte *Institut für Staatspolitik* aus Sachsen-Anhalt bietet nach eigenen Angaben »politische Bildungsarbeit« an. Es veranstaltet unter anderem »Akademien«, während denen in Vorträgen und Debatten etwa über »Das Böse in der Politik« oder »Fachkräftemangel und Volksauflösung« referiert wird. Mehrere dieser Veranstaltungen suchen ausschließlich junge Teilnehmer und schließen gezielt Interessenten aus, die älter als 35 Jahre sind. Die verbreiteten Inhalte sind so radikal und die Verbindungen zur rechtsextremen Szene so nah, dass das Institut seit 2020 vom Verfassungsschutz mit nachrichtendienstlichen Mitteln überwacht werden darf. Eine eher zweifelhafte Ehre, die sonst etwa Terrorzellen vorbehalten ist.

- Der ebenfalls vom Verfassungsschutz beobachtete Verein *Ein Prozent für unser Land* eröffnete 2018 einen Bürgertreffpunkt in Cottbus. Wenn man dort nicht gerade PEGIDA-Jubiläum feiert oder in Vorträgen vor dem Islam warnt, bietet man im Haus kostenlose Erstsemesterpartys für Studierende. Laut den Veranstaltern eine tolle Gelegenheit bei freiem Eintritt »neue Leute kennenzulernen«. Wer weiß, vielleicht ja sogar die freundlichen Rechtsextremisten aus der Nachbarschaft!

• Rechtsextreme Kampfsportvereine organisieren deutschlandweit Turniere und Kampftrainings; ihre Zielgruppe sind hauptsächlich junge Männer. Der brandenburgische Verfassungsschutz warnt, dass sich die rechte Szene durch den Kampfsport auf den »Endkampf der Kulturen« vorbereiten solle, also darauf, dass es zwischen Deutschen und Ausländern (sowie Rechten und Linken) zum finalen Krieg komme.

Das ist nur eine Auswahl rechter Angebote, die sich gezielt an junge Menschen richten. Es gibt auch Wandertage, YouTube-Kanäle, Chat-Gruppen und natürlich unzählige Foren und Internetseiten, auf denen man sich den lieben langen Tag vorrangig damit beschäftigt, dass Muslime, Ausländer und Linke angeblich das Land zerstören. Die übliche Leier: Demnächst wird von Veganern das Fleisch im Supermarkt verboten, Muslime führen die Scharia ein und deine Kinder werden schwul. Alles gleichzeitig. Die Evergreens der Neonazi-Szene. Einziger Ausweg: ein Sieg von rechts.

Hier schließt sich der Kreis zum Wunsch nach einem »starken Führer«. Es wird eine fundamentale Angst vor dem demokratischen Prozess entfacht, die sich in Sätzen äußert wie »Die Altparteien sind gegen uns!«, »Diese ewigen Abstimmungen dauern viel zu lang, es muss *jetzt* was passieren!« oder »Man muss endlich durchgreifen, es darf *keine Kompromisse* geben!«. **Wer sich das täglich**

**reinzieht, wird mit der Zeit in eine regelrechte Hass-
und Angstspirale getrieben.** Es ist kein Zufall, dass auf
den Computern rechtsextremer Attentäter regelmäßig
die intensive Nutzung von Internetseiten und Foren festgestellt wird, auf denen genau so eine hysterische Sülze
veröffentlicht wird. Natürlich wird nicht jeder Nutzer solcher Online-Angebote gleich zum Gewalttäter oder gar
zum Mörder. Aber Seiten, die immer wieder das Narra-
tiv vom bedrohten Land und den gefährlichen Fremden
spinnen, können bei ihren Lesern massiven psychischen
Druck aufbauen. Und der Wunsch nach einer Erlöserge-
stalt, die stark genug ist, um angesichts dieser Gefahren
hart durchzugreifen und »sich nicht um Parlamente und
Wahlen kümmern muss«, erscheint für viele in so einem
Szenario nicht nur logisch, sondern geradezu notwendig! Wie sollte man die riesigen Probleme unseres Landes sonst bewältigen? So tönt es vor allem in den sozialen Netzwerken sinngemäß: »Alles ist doch so korrupt
und verdorben und festgefahren! Und die Zeit drängt,
schon bald ist alles zu spät, und wenn wir jetzt nicht sofort handeln, dann war's das!«; »Demokratie schön und
gut, ja klar, in der Theorie! Aber wir sind in einer Ausnahmesituation! Jetzt braucht es keine intellektuellen
Diskussionen, jetzt braucht es harte Entscheidungen!
Sofort! Bevor es zu spät ist! Die Muslime wollen Krieg
mit uns! Los!«

Meine Güte. Da geht einem doch direkt der Puls hoch,
wenn man das nur ein paar Sätze lang liest, oder? Ist das
anstrengend. Es gibt Leute, die lesen fast nichts anderes.
Traditionelle Tageszeitungen oder öffentlich-rechtliche
Nachrichten von ARD und ZDF werden kategorisch ab-

gelehnt. Laut rechten Politikern und Aktivisten ist das schließlich die verdammte »Lügenpresse«.* Nein, man soll keine »großen« Medien mehr nutzen. Stattdessen jeden Tag dieselbe aufpeitschende Panikmache von rechtsradikalen Blogs, News-Seiten und YouTube-Kanälen.

Die Funktionsweise der sozialen Medien spielt den rechten Schreihälsen dabei in die Hände. Ich hatte selbst mal die Gelegenheit, mit einem ehemaligen Entwickler von YouTube zu sprechen, der am Algorithmus für die Videoempfehlungen mitgearbeitet hatte. Wenn ihr Beiträge auf YouTube schaut, kennt ihr diese kleinen Vorschaubilder für weitere Videos: Sie werden neben dem Video angezeigt, dass ihr euch gerade anschaut. Diese Empfehlungen sind nicht zufällig, sondern werden durch ausgeklügelte mathematische Formeln errechnet. Es wird analysiert, welche Videos ihr schaut, wie lange, wie häufig und so weiter. Dadurch soll der Algorithmus Rückschlüsse auf euren Geschmack ziehen und euch nur Videos anzeigen, die euch interessieren könnten. Das Ziel ist, was auch sonst, euch möglichst lange auf YouTube zu halten. Dieses System funktioniert so gut, dass laut dem Entwickler mindestens 75 Prozent aller Videoaufrufe bei YouTube über diesen Empfehlungsalgorithmus generiert werden. Ein unglaublicher Wert.

Einerseits war mein Gesprächspartner stolz auf die

---

* Mit diesem eingängigen Begriff haben früher bereits Adolf Hitler, Joseph Goebbels und Hermann Göring die Journalisten ihrer Zeit äußerst erfolgreich diffamiert. Dieselbe billige Masche funktioniert auch heute wieder. Sogar mit exakt denselben Begriffen! Den Überlebenden der Nazi-Verfolgung muss das Blut in den Adern gefrieren, wenn sie das hören.

geleistete Arbeit – die Videovorschläge sind passgenau, die Klickzahlen ein Riesenerfolg! Das System funktioniert blendend. Andererseits wurde ihm erst später klar, welche negativen Folgen daraus entstehen. Wenn man Leuten nur Videos empfiehlt, die sie in ihrem Geschmack und ihrer Weltsicht bestätigen, lässt man sie sich geistig im Grunde nur endlos im Kreis drehen. Der Algorithmus kann Menschen in einen regelrechten Strudel hinabziehen: Wer zum Beispiel einmal anfängt, auf YouTube Videos über Verschwörungstheorien zu schauen, bekommt solche Beiträge immer wieder angezeigt. Auf diese Weise können sich Zuschauer mit der Zeit radikalisieren. Vermutlich ist keine Plattform so sehr für die erschreckend große Verbreitung abstruser Verschwörungsmythen heutzutage verantwortlich wie YouTube.

Antidemokratische Aktivisten profitieren von solchen Systemen, indem sie lauthals und quasi in Endlosschleife über unmittelbar bevorstehende, katastrophale Gefahren fantasieren – und zwar so penetrant, dass einige ihre Zuschauer und Leser aus purer Angst und schierem Hass irgendwann tatsächlich so weit sind, aus freien Stücken auf Freiheit und politische Mitbestimmung zu verzichten. Dann ist der Moment für die Faschisten gekommen, die Macht zu ergreifen: Sie präsentieren sich selbst als die einzige Rettung aus dem ganzen Dilemma.

Faschismus funktioniert durch Angst, der in Hass mündet. Angst vor fremder Stärke und vor eigener Schwäche: Die drohenden Gefahren sind so gewaltig, so enorm! Und das Land (und man selbst) ist so schwach und so hilflos! Es gibt nur eine Hoffnung und die ist der »starke Führer«. Und wenn man für ihn ein bisschen persönliche

Freiheit aufgeben muss, was ist das schon in so einer Notlage? Hauptsache, jemand kümmert sich für sie um die Gefahren da draußen! Hauptsache, die verdammte Angst hört auf.

Verlorene Seelen

Am rechten Rand der deutschen Gesellschaft hat sich in den letzten Jahren eine hochgefährliche Mischung gebildet. Zum einen haben wir eine aktive Neonazi-Szene, die von jungen Männern dominiert wird. Bei der Verbreitung ihrer menschenfeindlichen Ideologie erreicht sie durch die neuen Möglichkeiten des Internets und der sozialen Medien heute so viele Menschen wie noch nie zuvor in der Geschichte der Bundesrepublik. Zum anderen haben wir bei vielen Deutschen mittleren und höheren Alters die berühmt-berüchtigte Einstellung »Ich bin nach 1945 geboren, ich schulde der Welt einen Scheiß«. Diesen Müll-Spruch gibt es sogar als T-Shirt zu kaufen. Sehr beliebt bei Deutschen, die eine simple Sache nicht begreifen: Ja, Hitler und die Verfolgung der Juden nehmen einen wichtigen Teil im deutschen Schulunterricht ein. Und ja, es gibt in unseren Städten viele Denkmäler für die Opfer des Zweiten Weltkriegs. Doch das Erinnern an die Nazi-Zeit und den Holocaust gibt den heutigen Deutschen nicht die »Schuld« an den Verbrechen des Dritten Reiches. Es fordert uns vielmehr dazu auf, dass wir Verantwortung dafür tragen, dass sich eine solche Katas-

trophe nicht wiederholt. Es sagt nicht »ihr Deutschen seid für immer die Bösen«, es sagt genau das Gegenteil: »Ihr seid *mehr* als eure Vergangenheit! Wir glauben an *das Beste* in euch! Macht was draus!«
Dieses Vertrauen in uns war vielleicht voreilig.

Mehr als jeder dritte Deutsche ist mittlerweile der Meinung, dass wir bei der Erinnerung an die Nazi-Zeit »endlich einen Schlussstrich ziehen« sollten. Dieser Wert ist in nur wenigen Jahren geradezu sprunghaft angestiegen. Im Jahr 2018 waren es noch 26 Prozent der Deutschen, die genug vom Gedenken an sechs Millionen tote Juden hatten. Bereits dieser Wert war erschreckend hoch. Ein Jahr später, 2019, waren es bereits 33 Prozent. Im Jahr 2020 stieg der Wert weiter auf 37 Prozent.[*] Es gibt für diese Entwicklung zwei mögliche Erklärungsansätze. Entweder hat sich diese Einstellung bei den Deutschen erst in den letzten Jahren so massiv verbreitet. Oder aber sie haben insgeheim schon lange so gedacht. Und trauen sich erst heute – im veränderten gesellschaftlichen Klima –, es endlich wieder laut auszusprechen.

Man kann sich darüber streiten, inwieweit die AfD hier Einfluss ausübt oder nicht. Aber ich stelle jetzt einfach mal folgende steile These auf: Wenn …

- … der AfD-Ehrenvorsitzende Alexander Gauland ernsthaft Hitler und die Nationalsozialisten öffentlich als »Vogelschiss« in der deutschen Geschichte verharmlost,

---

[*] Alle Angaben stammen aus Umfragen im Auftrag der *Deutschen Welle*, durchgeführt vom Meinungsforschungsinstitut Infratest dimap.

- ... der AfD-Parteichef Jörg Meuthen offiziell beantragt, dass man Fördergelder für die NS-Gedenkstätte Gurs, ein ehemaliges Konzentrationslager für Tausende Juden, streicht,

- ... der erfolgreichste AfD-Landesverband überhaupt (Sachsen) in seinem Wahlprogramm eine »Umgewichtung des Geschichtsunterrichts« fordert, um in den Schulen nicht mehr so viel über Nazi-Verbrechen reden zu müssen,

- ... Björn Höcke, einer der bekanntesten AfD-Politiker des Landes, eine »erinnerungspolitische Wende um 180 Grad« verlangt und sich darüber beschwert, dass sich Deutschland mit dem weltbekannten Holocaust-Denkmal in Berlin ein »Denkmal der Schande« ausgerechnet »in das Herz seiner Hauptstadt« gesetzt habe, *

... ja, wenn eine deutschen Partei locker-flockig solche Dinger raushaut und ein derartiges Vorbild setzt, dann wundere zumindest ich mich nicht, dass sich wieder mehr Leute trauen, genau denselben geschmacklosen und geschichtsvergessenen Quark ebenfalls von sich zu geben – »Wir haben uns jetzt genug mit der Verfolgung der Juden beschäftigt! Wir sind fertig!«

---

* Eine beliebte Rechtfertigung von AfD-Fans für Höckes Formulierung (»Denkmal der Schande«) lautet übrigens, dass er ja nicht gemeint habe, dass das Denkmal an sich eine Schande sei, sondern dass das Denkmal an eine Schande erinnere. Von daher habe Höcke doch gar nichts Schlimmes gesagt! Diese Leute verstehen nicht, dass das nichts am eigentlichen Problem ändert. Und zwar, dass Höcke offenbar die Auffassung vertritt, dass das Denkmal an solch einer schönen Stelle (»Herz der Hauptstadt«) völlig deplatziert sei. Wo soll es denn bitte sonst stehen, damit es dem Herrn Höcke genehm ist? Irgendwo weit draußen auf dem Acker, wo es auch ja niemand sieht?

Dabei könnte man durchaus auch den Eindruck gewinnen, dass in Deutschland nicht zu viel, sondern zu
wenig über unsere Vergangenheit aufgeklärt wird. Eine
zentrale Lektion sollte etwa sein, dass es falsch ist, Menschen einfach in »gut« und »schlecht« einzuteilen, je
nachdem welchem Glauben sie angehören. Diese Botschaft scheint bei vielen nämlich leider nicht angekommen zu sein. Seit rund 20 Jahren untersuchen Forscher
an der Universität Leipzig die Verbreitung von rechtsextremen Einstellungen in der deutschen Bevölkerung. Im
Jahr 2018 müssen sie einen traurigen Rekord vermelden:
**Fast jeder zweite Deutsche (44,1 Prozent aller Befragten)
will die Zuwanderung von Muslimen verbieten.** Es ist in
dieser Kategorie der höchste Wert, der in ihren Studien je
gemessen wurde. Dabei spielt es überhaupt keine Rolle,
ob die zuwandernden Muslime arm oder reich sind. Ob
nett oder nervig, vorbestraft oder gesetzestreu, jung oder
alt. Es ist egal, ob sie Kriegsflüchtlinge aus Syrien, politisch Verfolgte aus Ägypten oder Software-Entwickler
aus Dänemark sind. Das einzig entscheidende Merkmal
ist der Glaube. Und Muslime werden von vielen Deutschen so verabscheut, dass ihnen allein die Information
über ihre Religionszugehörigkeit ausreicht, um sie als
Zuwanderer negativ zu beurteilen. Es geht nicht mehr
um das Individuum. Der einzelne Mensch verschwindet
hinter den Vorurteilen über seinen Glauben. Kommt das
in Deutschland zufällig jemandem bekannt vor? Ist es
unter Umständen schon einmal gewaltig schiefgelaufen,
als man Zugehörige einer Religion pauschal ablehnte
und verteufelte? Dass dies heute wieder derart verbreitet ist, beweist, dass viele Deutsche nichts, aber auch

rein gar nichts, aus den Fehlern ihrer Vorfahren gelernt haben.

44,1 Prozent. Ich kann diese Prozentzahl aus der Studie nicht vergessen. Es ging darin auch nicht darum, die Zuwanderung von Muslimen zu *begrenzen* oder sie vorübergehend zu *verlangsamen*. Sondern darum, sie vollständig zu verbieten. Aus Prinzip. Ich frage mich, was so eine Zahl mit den in Deutschland lebenden Muslimen macht. Wie sie sich fühlen müssen, wenn sie die Ergebnisse solcher Studien sehen. Wenn sie schwarz auf weiß vorgelegt bekommen, dass weitere Menschen »wie sie« in diesem Land unerwünscht sind – und zwar für grob die Hälfte aller Leute, die ihnen auf der Straße täglich über den Weg laufen.*

»Die bundesdeutsche Gesellschaft ist von rechtsextremen Einstellungen durchzogen« – das ist keine private Meinung von mir oder von beleidigten Muslimen, die sich in der Fußgängerzone blöd angeguckt fühlen. Es ist eine der zentralen Erkenntnisse der Forscher aus Leipzig. Ihre wissenschaftlichen Untersuchungen geben allen recht, die schon länger das Gefühl haben, dass die deutsche Gesellschaft mit Fairness und Toleranz oftmals ernste Probleme hat: »Die hohe Bereitschaft, andere abzuwerten, ist manifest nachweisbar«.

---

* Kurze persönliche Anmerkung: In meinem eigenen Bekanntenkreis, sowohl privat als beruflich, gibt es recht viele Muslime. Aus den Gesprächen mit ihnen weiß ich, dass sie gar keine Studien oder Statistiken brauchen, um die gestiegene Feindseligkeit ihnen gegenüber festzustellen. Feindselige Blicke oder blöde Sprüche gab es in ihrem Alltag zwar immer schon – aber laut ihrer Einschätzung noch nie so heftig und häufig wie heute. Natürlich: Das sind nur persönliche Erfahrungen, keine wissenschaftlichen Erhebungen. Doch sie decken sich mit den Studienergebnissen aus Leipzig.

Die wachsende Feindlichkeit gegenüber einer bestimmten religiösen Gruppe (in diesem Fall Muslime) ist ein deutliches Warnsignal, dass sich unser bisheriges, demokratisches Wertesystem zunehmend auflöst. Bei vielen herrscht die islamophobe Idee, Deutschland müsse Muslimen etwas entgegensetzen, um für Recht und Ordnung zu sorgen. Dazu zählen etwa Vorschläge, dass die Regierung den Koran stellenweise zensieren solle (offiziell von der AfD im Bundestag beantragt) oder dass man zum Islam folgende Position einnimmt: »Das öffentliche Zeigen und Ausüben dieser Religion muss man verhindern« (so wörtlich gefordert von AfD-Politiker Nicolaus Fest). Wer so etwas verlangt, der verteidigt unsere Demokratie nicht, sondern sägt an ihr. Maßnahmen dieser Art verletzen (mehrfach!) genau jenes deutsche Recht, das angeblich geschützt werden soll.

Unser Grundgesetz sieht ausdrücklich vor, dass niemand wegen seines Glaubens benachteiligt werden darf (GG Artikel 3). Es garantiert außerdem die Religionsfreiheit (GG Artikel 4) und dass der Glaube keinen Einfluss auf die Rechte der Bürger haben darf (GG Artikel 33). Aber dieses Grundgesetz wurde eben kurz nach dem Zweiten Weltkrieg verfasst – in einem Land, das in Trümmern lag. Und zwar zu großen Teilen deshalb, weil man sich *nicht* an diese Grundsätze gehalten hatte. Die Männer und Frauen, die unser Grundgesetz damals schrieben, wussten jedenfalls genau, warum sie die Freiheit des Glaubens und die Gleichberechtigung der Menschen so deutlich bekräftigten.

Viele Deutsche haben es heute leider vergessen.

Diese kollektive Vergesslichkeit beschränkt sich nicht

nur auf die Religionsfreiheit. Auch Freiheit an sich scheint heute nicht mehr alternativlos. Unsere Demokratie, also die »Herrschaft des Volkes«, ist für viele Bürger nicht mehr maßgeblich, sondern nur noch eine Option von vielen. Die vielbeachtete »Mitte-Studie« der Friedrich-Ebert-Stiftung lieferte dazu 2019 eine erschreckende Bestandsaufnahme. Und ich muss vorher warnen: Wer jetzt schon schlechte Laune beim Lesen bekommen hat, dem empfehle ich an dieser Stelle, das Buch besser kurz zur Seite zu legen. Denn die Studienergebnisse, die jetzt kommen, haben es in sich. Vielleicht mal kräftig durchatmen, die Augen schließen und an süße Hundebabys denken. Einfach mal Pause für die Nerven.

Bereit?

Na gut.

Der Name verrät es schon ein wenig: Die »Mitte-Studie« soll untersuchen, wie es um die gesellschaftliche Mitte bei uns bestellt ist, also wie die breite Masse der deutschen Bevölkerung denkt und fühlt. Nicht über Fernsehshows, Instagram-Stars oder ihr Lieblingsessen, sondern über die großen Fragen des Lebens, wenn man so will. Zum Beispiel, was man von Freiheit, Gerechtigkeit und Respekt vor anderen Menschen hält. Die Studie ist äußerst umfangreich und zählt zu den wichtigsten sozialen Erhebungen in Deutschland. Sie gilt gewissermaßen als wissenschaftliches Fieberthermometer, wie es um die Stimmung im Land steht.

Und was soll man sagen? Die Ergebnisse sind niederschmetternd.

Jeder siebte Deutsche fände es in Ordnung, wenn in Deutschland die Demokratie abgeschafft wird. Hochgerechnet auf die gesamte Bevölkerung macht das weit über 11 Millionen Deutsche, die sich geistig bereits vom demokratischen System verabschiedet haben.* Erschreckend viele Leute, die offenbar kein Problem damit haben, dass die Macht aus den Händen der Wähler gerissen und stattdessen jemand anderem vor die Füße geworfen wird. Wer diese Macht anstelle des Volkes haben sollte, das beantworten die Teilnehmer der Studie leider nicht. Aber ein paar mögliche Kandidaten drängen sich regelrecht auf: Da gibt es einmal die üblichen Neonazis mit ihrer ewigen Forderung nach einem Diktator à la Adolf Hitler. Dann die rechtsextremen Waffennarren, die sich bereits heute bei Kampftrainings auf einen Bürgerkrieg vorbereiten und eine Herrschaft des Militärs herbeisehnen. Und nicht zuletzt natürlich die sogenannten Reichsbürger. In ihrer Szene herrscht der Glaube, dass die Bundesrepublik Deutschland eigentlich nur ein dicker *Fake* sei und *in Wahrheit* ein Deutsches Reich existieren müsse (daher auch die Bezeichnung als »Reichsbürger«). Niemand kann genau sagen, wie viele von diesen Reichsbürgern es tatsächlich gibt. Schon die offiziellen Schätzungen der deutschen Sicherheitsbehörden gehen in die Zehntausende, die Dunkelziffer möchte man sich lieber nicht vorstellen. Diese Leute wünschen sich vermutlich nichts mehr als wieder einen Kaiser oder König am Drücker. Monarchie, Militärdiktatur oder Einparteientyrannei: Ja, es gibt wirklich

---

* Die originale Formulierung der Forscher lautet übrigens, dass diese Studienteilnehmer es nicht »für unerlässlich halten, dass Deutschland demokratisch regiert« wird – was ein bisschen netter klingt, inhaltlich jedoch aufs Gleiche hinausläuft.

spannende Alternativen zur langweiligen Demokratie mit ihren freien Wahlen!

Zu dieser weitverbreiteten Offenheit gegenüber einem nicht-demokratischen System gesellen sich in der »Mitte-Studie« noch zwei weitere zentrale Befunde. **Zum einen ist rund jeder dritte Deutsche gegen gleiche Rechte für alle. Zum anderen vertraut jeder zweite Deutsche dem eigenen Bauchgefühl mehr als Experten.** Fasst man diese Ergebnisse zusammen, kann das zum Beispiel Folgendes bedeuten: Wenn ausgewiesene Experten – etwa Historiker, Staatsanwälte oder Professoren für Verfassungsrecht – davor warnen, dass es in einer Katastrophe endet, wenn in einer Gesellschaft nicht gleiche Rechte für alle herrschen, dann zucken viele Deutsche nur mit den Schultern, weil ihr Bauch ihnen sagt, dass eine Diktatur eigentlich auch einmal eine interessante Abwechslung sein könnte.

Die »Mitte-Studie« bietet zahlreiche wichtige Erkenntnisse, aber allein diese drei erklären bereits einen Großteil dessen, was in unserem Land schiefläuft: Leute halten ihr Bauchgefühl für das Maß aller Dinge (sie rollen nur mit den Augen, wenn man sie mit Fakten konfrontiert) und schauen gleichzeitig so sehr auf andere Menschen herab, dass sie sich mit ihnen nicht mal auf ein absolutes gesellschaftliches Minimum einigen können: nämlich in was für einem politischen System wir eigentlich leben wollen, ob Demokratie oder nicht.

Wir befinden uns hierzulande in einem schmerzhaften sozialen Spagat: Gleich die erste Zeile unserer Nationalhymne beschwört die Ideale von Einigkeit und Recht und Freiheit. Doch unsere reale Gesellschaft driftet ins genaue Gegenteil ab: Statt einig, sind wir gespalten. Recht soll auf einmal nicht mehr für alle gleichermaßen gelten. Und statt dankbar für die Freiheit zu sein, sehnen sich viele nach den Zwängen antidemokratischer Systeme. Deutschland verkehrt sich Stück für Stück ins Gegenteil dessen, was es einmal sein wollte. Es wird zu einem Zerrbild seiner selbst.

Und wir haben niemanden, dem wir die Schuld zuschieben könnten als uns selbst.

Härter! Härter! Härter!

Wenn eine Gesellschaft zunehmend abstumpft (demokratisch, intellektuell und nicht zuletzt emotional) gibt es mit der Zeit eine unvermeidliche Begleiterscheinung: den Wunsch nach mehr Härte.

Das kann zum einen bedeuten, dass man etwa Arbeitslosen die Bezüge kürzen will, damit sie weniger Geld in der Tasche haben.»Damit die mal auf Trab kommen, die faulen Schweine!« Das ist soziale Härte. Sprüche dieser Art gehören an deutschen Stammtischen schon lange zum guten Ton. Bürger aus der Ober- und Mittelschicht wollen ärmere Menschen aus der sogenannten Unterschicht dafür bestrafen, dass sie nicht so erfolgreich sind wie sie selbst:»Die Armen liegen den fleißigen Leistungsträgern doch nur auf der Tasche! Die legen entspannt die Füße hoch und gönnen sich einfach ein sorgenfreies Leben mit Hartz IV, total unfair!« Bei uns schafft man es wirklich, dass Leute, die *mehr* haben, neidisch auf Leute sind, die *weniger* haben. Auch 'ne Leistung.

2018 verstieg sich gar unser Bundesgesundheitsminister Jens Spahn (CDU) zur Aussage »Hartz IV bedeutet nicht Armut«, denn »damit hat jeder das, was er zum Leben braucht«. Seine Das-ist-doch-nicht-Armut-Diagnose straight aus dem Elfenbeinturm zeigt, wie wenig sich so mancher Spitzenpolitiker für die Lebensrealität vieler Bürger interessiert. Während Spahn durch seinen Job als Minister monatlich rund 20000 Euro kassiert, sehen die Hartz IV-Sätze zur ausgewogenen Ernährung eines Kindes etwa 3 Euro pro Tag vor. Ich bin mir nicht sicher, ob jemand wie Spahn diese lästigen Details kennt. Oder einschätzen kann, was sie in der Realität bedeuten. In diesem Fall bedeutet das 1 Euro fürs Frühstück, 1 Euro fürs Mittagessen und 1 Euro fürs Abendbrot. Na dann, guten Appetit und nicht alles auf einmal. Die Kinder hätten mehr Geld für Essen, wenn sie auf der Straße darum betteln würden.

Fun fact an der Stelle: **Wir haben in Deutschland seit Jahrzehnten deutlich mehr Arbeitslose als offene Stellen.** Allein zwischen 2009 und 2019 gab es im Schnitt rund sechsmal so viele Arbeitslose wie offene Stellen auf dem deutschen Arbeitsmarkt. Das ergibt sich aus den offiziellen Angaben der Bundesagentur für Arbeit sowie zusätzlichen Berechnungen vom Institut Arbeit und Qualifikation (IAQ) der Universität Duisburg-Essen. Das sollte jeder »Die Arbeitslosen sind doch alle faul und selber schuld!«-Verfechter kurz mal sacken lassen. Selbst wenn jeder Bürger ohne Arbeit hochqualifiziert und topmotiviert wäre, gäbe es schlicht rein rechnerisch nicht genügend Stellen für alle. Forderungen nach mehr Härte gegenüber Arbeitslosen sind vor diesem Hintergrund nicht nur falsch, sondern geradezu bösartig.

So richtig in Fahrt kommt unsere Gesellschaft heute allerdings wieder, wenn es um Kriminelle geht. Hier sehnt man sich zunehmend nach einer harten Hand der Justiz. Die Feinde der Gesellschaft – oder wen man gerade dafür hält – sollen gefälligst leiden! Völlig egal, wie sinnlos oder kontraproduktiv es am Ende ist. »Verbrecher sollen länger ins Gefängnis! Wir brauchen härtere Strafen!«, hört man vielerorts. In der deutschen Parteienlandschaft tun sich vor allem CDU/CSU und AfD regelmäßig mit solchen Forderungen hervor. Oft geht es dabei weniger um die Verbrechen an sich, sondern wer sie begeht. Eine bestimmte Gruppe sorgt nämlich auf fast schon magische Weise für einen ganz besonderen Eifer bei den Fans härterer Strafen: kriminelle Ausländer, Flüchtlinge, Asylbewerber, Großfamilien, Clans – alle wollen einen ausnehmen und/oder umbringen. Sobald es um diese Menschen geht, kann die angebliche »Kuscheljustiz« in Deutschland jedenfalls gar nicht stark genug kritisiert werden. Das sorgt zwar für verlässlichen Applaus bei Parteifreunden und begeisterten Wählern – erfahrene Strafrechtler können dabei allerdings nur mit dem Kopf schütteln.

Einer der bekanntesten und einflussreichsten Experten auf diesem Gebiet ist der Kriminologe Prof. Dr. Wolfgang Heinz von der Universität Konstanz, der auch schon die Bundesregierung beriet. Er befasst sich seit Langem mit der Wirkung von härteren Strafen. Seine jahrzehntelange Arbeit im Strafrecht hat ihn zu folgendem Ergebnis geführt: Dafür, dass härtere Strafen mehr Verbrechen verhindern, gebe es keine Indizien, die sich empirisch stützen ließen. Das ist eine sehr elegante Art, um zu sagen, dass die konservative Vorstellung »Mehr Härte, mehr Sicherheit« wissenschaftlich ungefähr so valide ist wie der Glaube an die Zahnfee und den Osterhasen. Heinz betont, dass aus fachlicher Sicht nicht zu belegen ist, dass dadurch die Kriminalitätsraten gesenkt werden. Dabei ist es auch egal, ob man Straftätern mit mehr Sozialstunden oder gleich mit dem elektrischen Stuhl droht. Höhe und Schwere der Strafe, so Heinz, hätten keine messbare Relevanz.*

Diese Erkenntnisse sind keine Einzelmeinung. Sie werden von zahlreichen Kriminologen weltweit bestätigt. **Härtere Strafen führen nicht zu weniger Verbrechen.** Sie helfen nicht dabei, Straftäter besser zu resozialisieren, so zu ändern, dass sie in Zukunft nicht erneut straffällig werden. Sie sorgen nicht für mehr Sicherheit. Es gibt keinen empirisch haltbaren Grund dafür, wenn Politiker immer wieder längere Gefängnisaufenthalte oder höhere Geldbußen als vermeintliches Wundermittel gegen Verbrecher präsentieren.**

---

* Die Aussagen von Prof. Dr. Heinz stammen aus einem Vortrag, den er 2007 in Japan an der Kansai Universität von Osaka hielt.
** Solche Versprechen seien »von ermüdender Vorhersehbarkeit«, kritisiert auch der bekannte Strafrechtler und Universitätsprofessor Prof Dr. Ralf Kölbel von der LMU München. Als im Juni 2020 die CDU mal wieder das deutsche Strafrecht verschärfen will, macht er sich in einem Interview mit der *Legal Tribune Online* Luft über seinen Ärger. Hinter diesen ewigen Forderungen nach härteren Strafen stecke vor allem Theater für die Wähler: »Immer das gleiche Muster: Gar nichts tun schaut bei all der öffentlichen Aufregung irgendwie schlecht aus. Also beweist man ›Handlungsfähigkeit‹ und schwingt die strafrechtliche Keule.«

Der wahre Grund ist viel einfacher – und emotional statt rational: Härtere Strafen fühlen sich gut an. Wenn wir wissen, dass ein Straftäter länger im Knast schmoren muss, freuen wir uns. Es kann uns das Gefühl geben, gegenüber einem »Feind« Macht zurückzuerlangen –»Nimm das, du Abschaum! Das hast du jetzt davon!« Wir ziehen eine innere Befriedigung aus seinem verlängerten Leid. Dazu müssen wir die Person noch nicht einmal persönlich kennen. Es gefällt uns einfach, dass sie aus Prinzip länger für ihre Tat büßen muss. Der Barbar in uns jubelt, wenn es ihr schlechter geht. Denn dann geht es nicht mehr um anstrengende und teils selbstkritische Fragen wie:»Wie konnte es in unserer Gesellschaft zu so einer Tat kommen?«,»Wie können wir ähnliche Taten verhindern?« oder»Warum konnten unsere Behörden die Tat nicht rechtzeitig verhindern?«. Stattdessen fixiert man sich nur noch auf die Entscheidung:»Okay, *wie lange* stecken wir den Täter zur Strafe in einen Raum und lassen ihn nicht mehr raus?« Auf diese Weise geht es nicht um mehr Sicherheit, sondern nur noch um das maximale Maß an Rache, das man staatlich ausüben kann.

Und nein, Rache und Gerechtigkeit sind nicht dasselbe. Egal, wie viele Hollywood-Filme und Netflix-Serien euch das erzählen wollen.

Aus kriminologischer Sicht gibt es hauptsächlich zwei Dinge, die tatsächlich für mehr Sicherheit sorgen würden: Erstens eine möglichst hohe Entdeckungswahrscheinlichkeit. Das bedeutet, dass potenzielle Straftäter das Gefühl haben, dass sie sehr, sehr wahrscheinlich geschnappt werden. Das kann nach der Tat, aber auch schon während deren Planung sein.

Beispiel: Wenn ein Mörder einen Menschen tief in der Nacht, mitten in einem dunklen Wald, weit entfernt von der nächsten Stadt umbringt, ist die unmittelbare Entdeckungswahrscheinlichkeit relativ gering. Später kann die Polizei vielleicht noch den Tatort untersuchen, hier und da Spuren finden und mit etwas Glück vielleicht tatsächlich den Fall lösen. Aber zumindest kurz nach der Tat hat der Mörder erst einmal Zeit, Spuren zu verwischen, die Leiche zu entsorgen und eventuell davonzukommen.

Wenn ein Mörder hingegen am helllichten Tag einen Menschen mitten auf einer belebten Einkaufsstraße umbringen will – vor zahlreichen Augenzeugen und vermutlich mehreren Überwachungskameras in der Nähe – ist die Entdeckungswahrscheinlichkeit relativ hoch. Aus diesem Grund werden an sogenannten Brennpunkten in unseren Innenstädten auch systematisch mehr Kameras installiert oder die Polizeipräsenz erhöht. Es soll die Aufklärung erleichtern und Kriminelle von vornherein abschrecken. Das hat eine völlig andere Wirkung als die Androhung härterer Strafen: Einem Straftäter kann es prinzipiell egal sein, ob er für ein Verbrechen nun fünf oder zehn Jahre Haft bekommt, solange er davon ausgeht, dass er sowieso nicht geschnappt wird. Der entscheidende Punkt ist also, ob er gefasst wird oder nicht; nicht wie hoch die Strafe eventuell ausfallen könnte.

Nun ist es kein besonders erstrebenswertes Vorhaben, das ganze Land mit Überwachungskameras und Polizeiwachen zuzupflastern. **Daher gibt es, zweitens, noch einen anderen Weg, Kriminalität zu verhindern, der sogar noch effektiver ist: bessere Sozialarbeit.** Es ist frustrierend, wie etwa bei Fällen von Kindesmissbrauch oft nichts passiert, einfach, weil die zuständigen Jugendämter viel zu geringe Kapazitäten haben, um allen Verdachtsmomenten angemessen nachzugehen. Oder wie Frauenhäuser so unterfinanziert sind, dass sie nicht im Ansatz genügend Frauen Schutz vor Gewalt bieten können. Oder wie man vielerorts Jugendeinrichtungen schließt und gefährdete Jugendliche sich selbst überlässt. An vielen Stellschrauben ließe sich etwas bewegen. Dazu zählt auch, dass man Straftäter nicht als Monster betrachtet, die es so hart wie möglich zu bestrafen gilt, sondern als Menschen, die Fehler begangen haben und sich ändern können. Bildungsangebote und Anti-Aggressionstrainings helfen deutlich mehr als längere Haftstrafen. Und nein, das ist keine rosarote Heile-Welt-Theorie, sondern harter Fakt.

»Härtere Strafen, härtere Strafen!« – das sagt sich so leicht, aber was zum Teufel will man damit eigentlich erreichen? Manchmal habe ich den Eindruck, dass sich so mancher hierzulande Zustände wie etwa in den USA wünscht, wo Bürger schon für geringfügige Gesetzesverstöße jahrzehntelange Haftstrafen kassieren können.

Aber gut, dann schauen wir mal kurz über den großen Teich: Laut Dr. James Frederick Gilligan von der weltbekannten New York University School of Law werden in den USA zwei Drittel aller Häftlinge nach ihrer Entlassung aus dem Gefängnis erneut straffällig – und dann oftmals mit einem *noch* brutaleren Verbrechen, als dem, das sie ursprünglich ins Gefängnis gebracht hatte. Eine beschämende Bilanz. Was tat Dr. Gilligan? Er untersuchte, was passiert, wenn Häftlinge im Gefängnis ein mehrmonatiges Bildungsprogramm durchlaufen. Man könnte auch sagen: wenn man sie nicht alleine in der Zelle schmoren lässt, sondern sich um sie kümmert. Das spektakuläre Ergebnis: Die Rückfallquote (bzw. die Häufigkeit erneuter Straftaten) der aus dem Gefängnis entlassenen Häftlinge konnte um satte 83 Prozent gesenkt werden! Das ist die Art von Unterschied, bei der man nicht mehr von Äpfeln und Birnen spricht, sondern von Tag und Nacht. In einem Gastbeitrag für die *New York Times* fasste Dr. Gilligan seine Untersuchungsergebnisse in vier Worten zusammen, die wir uns auch hierzulande langsam einprägen sollten:»Bestrafung versagt. Resozialisierung wirkt.«

So ganz angekommen ist das leider noch nicht. Im Gegenteil, hier nimmt die Zustimmung für härtere Strafen sogar zu. **Jeder vierte Deutsche wünscht sich die Einführung der Todesstrafe in Deutschland.** Noch höher ist die Zustimmung gruseligerweise ausgerechnet unter denjenigen, die in Zukunft tatsächlich unsere Gesetze prägen werden: Unter den Jura-Studierenden würde sogar jeder dritte gerne die Todesstrafe wieder einführen.* Gerade dieser Wert beunruhigt mich. Was zur Hölle passiert hier? Diese Leute sind die Anwälte und Richter von morgen. Es bereitet mir große Sorgen, dass die Justiz unseres Landes in ein paar Jahren mit Menschen durchsetzt sein könnte, die auf Kriegsfuß mit unserem Grundgesetz stehen.

---

* Die Werte für die Gesamtbevölkerung stammen aus dem Freiheitsindex des John Stuart Mill Instituts für Freiheitsforschung; die Zustimmungswerte der Jura-Studierenden gehen auf Langzeitbeobachtungen des Erlanger Strafrechtsprofessors Franz Streng zurück. Laut der Zeitung *Welt* sei Streng »selbst geschockt« von seinen Ergebnissen; in den vergangenen Jahrzehnten habe sich die Zustimmung zur Todesstrafe unter jungen Juristen ungefähr verdreifacht.

Gleich in seinen allerersten beiden Artikeln heißt es »Die Würde des Menschen ist unantastbar« und »Jeder hat das Recht auf Leben und körperliche Unversehrtheit«. Ich bin mir ziemlich sicher, dass eine todbringende Giftspritze damit nur schwer in Einklang zu bringen ist. Für die ganz Begriffsstutzigen hat man es übrigens in Artikel 102 des Grundgesetzes noch mal in aller, aller Deutlichkeit ausgeschrieben: »Die Todesstrafe ist abgeschafft«!

Aber eines darf man nicht vergessen: Was sind schon ein paar Paragrafen und Artikel? Ernsthaft. Unser Grundgesetz besteht aus Tinte, Papier, ein bisschen Karton und Kleber. Die Regeln darin sind nur so stark, wie die Gesellschaft daran glaubt. Gesetze lassen sich ändern, abschaffen, neu erfinden. Das liegt in der Natur der Sache und ist unverzichtbar, schließlich muss auch das Recht mit der Zeit gehen. Doch das kann auch mächtig schiefgehen. Im Zusammenhang mit einem Flüchtling, der nach seiner Abschiebung erneut in Deutschland einreiste, forderte Ende 2018 etwa der AfD-Bundestagsabgeordnete Thomas Seitz, dass »eine Änderung von Art. 102 GG kein Tabu sein« dürfe. Genau dem Artikel, der eine Todesstrafe in Deutschland ausdrücklich ausschließt. Vielleicht erinnert sich bei der Gelegenheit auch noch jemand an die Enthüllungen um Christian Lüth, den ehemaligen Pressesprecher der AfD-Bundestagsfraktion? Ein Kamerateam von ProSieben filmte ihn 2020, wie er in einer Bar davon redete, dass man Migranten erst ins Land lassen und später dann »erschießen« oder »vergasen« könne. Zahlreiche weitere AfDler sind in der Vergangenheit bereits mit ähnlichen Äußerungen auffällig geworden.

Treten wir nun einen Schritt zurück. Auf der einen

Seite sehen wir einen signifikanten Teil der Bevölkerung, der sich die Todesstrafe wünscht (jeder Vierte). Darunter eine neue Garde angehender Juristen, die staatliche Tötungen stark befürwortet (jeder dritte). Und zusätzlich eine Partei, aus der es bereits mehrfach Äußerungen in diese Richtung gab. Es braucht nicht viel Fantasie, um sich auszumalen, was diese Kombination in Zukunft anrichten könnte. Sicher, momentan scheint eine Wiedereinführung der Todesstrafe noch kaum denkbar. Dafür müssten nicht nur die Zustimmungswerte in der Gesellschaft weiter ansteigen, sondern auch die Wahlergebnisse von Politikern stark zulegen, die sich dafür einsetzen. **Aber wenn uns die deutsche Geschichte eines gelehrt hat, dann, dass Dinge nur so lange undenkbar bleiben, bis sie geschehen.** Am Ende ist dann alles nur noch eine Sache der Gewöhnung und Abstumpfung. Die *True Crime*-Junkies unter den Lesern kennen das sicher aus Dokumentationen über Serienmörder: Bevor der Killer das erste Mal zuschlägt, trägt er oft jahrelang Gewaltfantasien in sich herum, quält Tiere oder stalkt seine späteren Opfer. Aber irgendwann reicht das alles nicht mehr und der echte Kick muss her. Das Darüber-Nachdenken ist nicht mehr genug – echte Menschen müssen sterben.

Eine ähnliche Gewaltspirale existiert nicht nur bei einzelnen Individuen, sondern auch bei kompletten Gesellschaften. Ehemals zivilisierte Nationen können in barbarische Zustände zurückfallen. Wohl kein Land weiß das besser als Deutschland. Wenn sich der politische Diskurs mehr und mehr darum dreht, wie gefährlich die »miesen Volksfeinde« sind und dass man Menschen »entsorgen«,

»erschießen« oder »vergasen« müsse, dann hat das Folgen. Es sabotiert unser friedliches Zusammenleben, es vergiftet die Seele unserer Nation. Je mehr wir in unseren Gedanken und alltäglichen Gesprächen verrohen, umso offener werden wir auch für reale, physische Brutalität. Dann kommen wir irgendwann an den Punkt, ab dem der Barbar in uns es so richtig krachen lassen will. Es gibt dazu ein weltberühmtes Zitat aus dem 19. Jahrhundert, das dem englischen Schriftsteller Charles Reade zugeschrieben wird. »Achte auf deine Gedanken, denn sie werden Worte. Achte auf deine Worte, denn sie werden Handlungen. Achte auf deine Handlungen, denn sie werden Gewohnheiten. Achte auf deine Gewohnheiten, denn sie werden dein Charakter. Achte auf deinen Charakter, denn er wird dein Schicksal.«

2 ZU DEN WAFFEN

»Wir sind doch nicht reifer als die Amis.
Wir sind nur unbewaffnet.«

Hagen Rether

Der gefühlte Bürgerkrieg

Bevor ich mit der Arbeit an diesem Buch begann, schrieb ich nach langer Zeit mal wieder mit einem alten Freund. Zwischen uns war die Jahre zuvor der Kontakt etwas eingeschlafen. Wie es im Leben so ist, hatte man sich mit den Jahren ein wenig aus den Augen verloren. Viel Arbeit, wenig Zeit, das übliche Erwachsenwerden. Aber da war noch etwas.

Über Facebook waren wir noch verbunden. Was mir bei seinem Profil mit der Zeit aufgefallen war, waren die immer häufiger von ihm geteilten Beiträge über kriminelle Ausländer und Verschwörungstheorien. Inhaltlich drehte sich das meiste davon um eine ganz spezifische Bedrohung: dass in Deutschland die Kriminalität explodiere, weil böswillige Politiker absichtlich brutale Muslime ins Land schleusen würden. Die hohen Flüchtlingszahlen ab 2015 seien kein Zufall gewesen, ganz im Gegenteil! Alles folge in Wahrheit einem großen Plan. Es handele sich um eine gezielte Attacke auf Deutschland. **Ein blutiger Bürgerkrieg stehe kurz bevor!**

Aus meiner täglichen Arbeit kenne ich solche Beiträge. Es ist gewissermaßen mein Job, mit solchen Hetz-Postings in den sozialen Netzwerken auf dem neuesten Stand zu sein. In der Regel stammen sie von rechtsextremen Bloggern oder direkt von AfD-Seiten.* Dass mein Kumpel solche Beiträge teilte, fand ich entsetzlich, natürlich. Doch zum damaligen Zeitpunkt hatte ich weder die Lust, noch die Energie, mich nun auch noch in meiner Freizeit mit so viel Hass auseinanderzusetzen. Ich bin nicht stolz darauf, aber statt mit ihm das Gespräch darüber zu suchen, ignorierte und verdrängte ich es einfach.

Im Grunde wählte ich die wohl schlechteste aller Möglichkeiten: Ich tat einfach gar nichts und hoffte darauf, dass sich das Problem irgendwie von selbst lösen würde. Eine zugegeben äußerst kritikwürdige Herangehensweise. Aber wie sich herausstellen sollte, war meine Einmischung am Ende gar nicht nötig. Denn es passierte etwas, das auf ihn viel mehr Wirkung hatte als ein konfrontatives Gespräch über rechte Fake News und Verschwörungsmythen.

Er wurde Vater.

Gleich zwei Mal, um genau zu sein. Relativ schnell nacheinander. Wie es mit Kindern so ist, brauchen sie ganz schön viel Aufmerksamkeit: spielen, füttern, Windeln wechseln, Familie besuchen, zum Arzt gehen, raus an die frische Luft. Und siehe da: Auf einmal war viel weniger Zeit im Alltag, um sich mit rechten Facebook-Seiten zu beschäftigen.

Er erzählte mir das einige Monate, nachdem sein zweites Kind in die Kita kam. Die Schilderungen seines neuen Alltags überraschten mich total, doch freuten mich natürlich riesig. Aus seinen Texten und Sprachnachrichten

---

* Wer da übrigens den Unterschied findet, darf ihn behalten.

sprach eine aufrichtige Erleichterung darüber, dass er es aus diesem Loch rausgeschafft hatte. Bevor seine Kinder auf die Welt kamen, habe er einfach zu viel Zeit am Handy und auf Facebook verbracht. Im Nachhinein kam es ihm wie eine Gehirnwäsche vor (und ich glaube, damit trifft er es sehr gut). Immer diese Untergangsszenarien, ständig diese Gruselnachrichten. Eine Zeit lang habe er wirklich geglaubt, dass Deutschland am Abgrund stehe. Dass es jetzt jederzeit vorbei sein könne, dass alles zusammenbricht und er gegen Muslime kämpfen müsse. Dann sei er durch seinen Nachwuchs schlicht dazu gezwungen worden, mehr Zeit in der »echten« Welt zu verbringen und er habe gemerkt: Verdammt noch mal, es gibt doch gar keinen Krieg auf den Straßen. Das Leben läuft ganz normal weiter. Was hatte er sich da einreden lassen? Und in der Kita verstehe er sich super mit den anderen Eltern. Dort geben auch Muslime ihre Kinder ab und, was solle er sagen, – das sind eigentlich echt nette Leute. Super drauf. Und die Kinder verstehen sich auch. Was für eine Entwicklung!

»Die Kriminalität explodiert«, **»Deutschland ist nicht mehr sicher«,** **»Deutschland ist so unsicher wie nie zuvor«** – das sind alles Originalsätze, die von der AfD in den vergangenen Jahren am laufenden Band in die Öffentlichkeit geschleudert wurden. Ihre Unterstützer und die rechte Szene insgesamt tragen diese Behauptungen weiter und verteilen sie in den sozialen Netzwerken so aggressiv wie möglich. In unzähligen Variationen wird durchgehend das Bild eines Landes beschworen, das angeblich kurz vor dem Kollaps steht. In ihren hysterischen Übertreibungen ist das heutige Deutschland eine Mischung aus Syrien, Gotham City und dem siebten Kreis der Hölle. Mein alter Freund war einer derjenigen, den sie damit erreichen und beeinflussen konnten. Ich bin heilfroh, dass er durch seine Familie wieder aus diesem digitalen Panik-Treibsand herausgezogen wurde. Dieses Glück haben nur wenige.

Aber wie ist es denn nun tatsächlich um unser Land bestellt?

Was ist dran an den Behauptungen, dass unsere Gesellschaft in Mord und Totschlag versinkt? Kann man sich überhaupt noch auf die Straße trauen oder gerät man augenblicklich in ein Blutbad?

Dazu zunächst ein wenig Kontext: Laut dem Statistischen Bundesamt ist die Bevölkerung Deutschlands von 2000 bis 2019 um rund eine Million Menschen gewachsen (auf nun rund 83,2 Millionen Einwohner). Jede Menge neue Bürger. Schon rein statistisch müssten die Straftaten im Land nach oben gehen. Je mehr Einwohner, desto mehr Straftäter und Verbrechen kann es immerhin theoretisch geben.

Doch wenn wir uns die Daten des Bundeskriminalamts für denselben Zeitraum ansehen – also von 2000 bis 2019 – stellen wir etwas geradezu Unerhörtes fest. Trotz des kräftigen Bevölkerungswachstums ist die Zahl der Straftaten nicht angestiegen, wie es eigentlich zu erwarten gewesen wäre. Stattdessen ist sie massiv *gefallen*, und zwar von rund 6,2 Millionen Straftaten im Jahr 2000 auf nur noch etwa 5,4 Millionen im Jahr 2019. Ein Rückgang von gut 13 Prozent, fast eine Million weniger Straftaten als noch vor 20 Jahren!

Die Gesamtzahl aller Straftaten geht zurück – also das

klingt doch schon mal nach einem guten Anfang, oder? Doch darunter fällt natürlich eine Vielzahl unterschiedlicher Vergehen, von Sachbeschädigungen bis hin zur Wirtschaftskriminalität. Was den meisten am wichtigsten ist, ist jedoch die Gefahr für Leib und Leben. Aber auch hier zeigen die Zahlen eindeutig einen Abwärtstrend: Die Gewaltkriminalität hat abgenommen und ging um immerhin 3,2 Prozent zurück. Das ist entscheidend: Sie steigt nicht, sie *sinkt!* Noch deutlicher wird es, wenn man die Zahl der Morde betrachtet, also jener Straftat, die im Auge der Öffentlichkeit und in den Ängsten der Bevölkerung eine ganze besondere Rolle spielt. Auch hier gibt es glücklicherweise gute Nachrichten: Die Zahl der Mordopfer geht seit Jahren zurück. 2019 wurden in Deutschland 245 Menschen ermordet. Jeder einzelne Fall ist eine Tragödie, keine Frage. Doch im Vergleich zur Mordrate zu Beginn der Jahrtausendwende, als noch rund 500 Menschen im Jahr umgebracht wurden, hat sich die Zahl der Mordopfer mittlerweile *halbiert*. Nicht nur das, sie hat sogar den *niedrigsten Stand* der vergangenen zwei Jahrzehnte erreicht! Deutschland ist heute so sicher wie nie zuvor. **Die Kriminalität bei uns explodiert nicht, sie geht zurück, und zwar massiv.**

Was in den letzten Jahren hingegen tatsächlich ungehemmt nach oben geht, ist die kriminelle Energie von Neonazis. In diesem Bereich muss man wirklich von einer Explosion sprechen, denn die Straf- und Gewalttaten von Rechtsextremisten haben sich mittlerweile *verdoppelt*. Laut Angaben des Bundesministeriums des Innern ging es hier von ohnehin gewaltigen 11 576 Fällen im Jahr 2003 hoch auf schockierende 22 337 Fälle im

Jahr 2019. Eine schwindelerregende Steigerung um 93 Prozent! Von der Todesdrohung im Briefkasten bis zum verheerenden Terroranschlag: Rechte Gewalt eskaliert in unserem Land.*

Um zu verstehen, wie ernst die Lage ist, kann ein Blick von außen helfen: In Norwegen unterhält die Universität Oslo ein eigenes Forschungszentrum zu extremistischen Bedrohungen. Als die Forscher 2020 ihre neuesten Analysen vorstellen, wird klar, dass die Situation in Deutschland völlig außer Kontrolle geraten ist. Tatsächlich ist die Lage so verheerend, dass sie international quasi nicht mal mehr vergleichbar ist. Die Forscher stellen fest: »Während es im Jahr 2019 in vielen Ländern Westeuropas keine oder nur sehr wenige Fälle von schweren rechtsextremen Gewalttaten und Terrorplänen gab, kam es in Deutschland im vergangenen Jahr zu nicht weniger als 35 solcher Ereignisse.« Bei 365 Tagen im Jahr macht das im Schnitt etwa einen Vorfall alle zehn Tage – zum Beispiel einen rechts-

---

* Trotz dieses offensichtlichen Anstiegs wird diese Art der Kriminalität in der Öffentlichkeitsarbeit der AfD praktisch totgeschwiegen. Im Sommer 2019 wurde im Fachmedium *Kriminalpolitische Zeitschrift* eine wichtige Medienanalyse veröffentlicht: Sämtliche Pressemitteilungen der AfD zum Thema Kriminalität in Deutschland des vorhergehenden Jahres waren dazu wissenschaftlich ausgewertet worden. Es waren Hunderte. Das (leider zu erwartende) Ergebnis: Sofern die AfD in ihren Mitteilungen die Nationalität von Tatverdächtigen erwähnt, sind es zu 95 Prozent Ausländer. Und die restlichen fünf Prozent? »Bei den fünf Prozent deutschen Tatverdächtigen in den AfD-Mitteilungen werde stets betont, dass diese einen Migrationshintergrund hätten oder ihr Tatbeitrag gering gewesen sei«, wurden die Forscher später im *Handelsblatt* zitiert. Die Folge ist eine bizarre Verschiebung der Wahrnehmung: Obwohl der Anteil nicht-deutscher Tatverdächtiger in den Kriminalitätsstatistiken in Wirklichkeit bei nicht einmal 35 Prozent liegt, fixiert sich die AfD zu 95 Prozent auf Ausländer. Hier geht es ganz offenkundig nicht um die Sicherheit der Bürger, sondern um die Festigung eines bestimmten Weltbildes.

extremen Mord oder einen gerade noch vereitelten Terroranschlag. Das ist die Situation, in der wir uns befinden. Der neue Alltag, an den wir uns gewöhnt haben. Wir können uns nicht mal herausreden, dass 2019 halt einfach ein schlechtes Jahr für uns gewesen wäre. Nach dem Motto: »Blöd gelaufen! Kann passieren!«. Denn die wissenschaftliche Auswertung der vergangenen Jahrzehnte zeigt, »dass dieser Befund kein statistischer Ausreißer ist. Kein anderes Land in Westeuropa hat seit 1990 so viel schwere rechte Gewalt erlebt wie Deutschland.«[*] Hunderte Menschen wurden in unserem Land bereits von Neonazis umgebracht und ständig werden neue Terrorgruppen und gewaltbereite Gefährder bekannt. Das ist *nicht normal*.

Rechtsextremisten begehen immer mehr Straftaten und heizen damit selbst die Kriminalstatistiken an. Trotzdem ist die Kriminalität im Land insgesamt so niedrig, dass die Zahlen kontinuierlich nach unten gehen. Doch bei vielen Deutschen kommt nichts davon an: Sie bemerken weder die wachsende Gefahr von rechts noch die Rekordwerte bei der inneren Sicherheit. Ihre Aufmerksamkeit richtet sich stattdessen auf die verbleibenden Verbrechen, die natürlich trotz aller Fortschritte weiterhin geschehen – und diese werden heute medial so gekonnt ausgeschlachtet wie nie zuvor. Im Fernsehen, in der Zeitung, auf dem Handy, dem Tablet, dem Laptop oder sogar der SmartWatch am Handgelenk: Auf sämt-

---

[*] Die hier aufgeführten Zitate zu den Forschungsergebnissen stammen aus dem Gastbeitrag »Ein unschmeichelhafter Spitzenplatz« für *Die Zeit* von Dr. Anders Ravik Jupskås, dem Stellvertretenden Leiter des Center for Research on Extremism an der Universität Oslo, sowie Dr. Daniel Köhler, dem Leiter des German Institute on Radicalization and De-Radicalization Studies (*Zeit Online*, 20. Juli 2020).

lichen Kanälen werden wir mit so vielen Informationen über furchtbare Ereignisse zugeballert, dass bei einem großen Teil der Bevölkerung der Eindruck entsteht, wir würden in der gefährlichsten Zeit in der Geschichte der Bundesrepublik leben. Dabei besteht der Unterschied zu früheren Zeiten vorrangig darin, dass früher wenig über viele Verbrechen gesprochen wurde und heutzutage viel über wenige Verbrechen. Und viele sind irgendwann so verunsichert, dass sie sich der einzigen Sache zuwenden, von der sie sich Schutz versprechen: einer Waffe.

Waffenwahn

In Deutschland gibt es vier verschiedene Wege, an eine Waffe zu gelangen. Zwei davon sind legal, die anderen beiden streng verboten.

- **Kleiner Waffenschein:** Die bürokratische Illusion von Kontrolle. Der kleine Waffenschein berechtigt zum Führen von »erlaubnisfreien« Waffen. Allein der Name verrät schon den Gag: Diese Waffen sind sowieso erlaubt. Darunter fallen etwa Schreckschusspistolen, die auf die Distanz zwar ungefährlich sind, aus nächster Nähe jedoch tödlich sein können. Derartige Waffen können auch ohne jeden Waffenschein frei erworben werden. Der kleine Waffenschein berechtigt lediglich dazu, diese Waffen auch in der Öffentlichkeit bei sich zu tragen. Das könnte natürlich auch jeder einfach so machen, ohne Waffenschein, denn dass man dabei »erwischt« wird, ist vermutlich so wahrscheinlich, wie dass Cristiano Ronaldo euch auf Instagram abonniert. Oder wann wurdet ihr das letzte Mal beim Stadtbummel nach einer Waffe durchsucht?

- **Großer Waffenschein:** Der *Bad Boy*, den sich die meisten Waffenfans wohl insgeheim wünschen. In Kombination mit einer sogenannten Waffenbesitzkarte berechtigt er dazu, scharfe Schusswaffen zu besitzen und mit sich zu führen. Hauptsächlich wird er Sicherheitskräften (etwa Polizisten und Soldaten), Sportschützen oder Jägern ausgestellt. Durch eine Vielzahl von erforderlichen Anträgen und Prüfungen sollen die Hürden so hoch gesetzt werden, dass scharfe Waffen nicht in falsche Hände geraten. Antragsteller dürfen beispielsweise keine Vorstrafen oder psychische Krankheiten haben.
- **Eigenbau:** Die erste illegale Variante und verbreiteter, als man im ersten Moment annehmen könnte. Leicht erhältliche Schreckschusswaffen, aber auch sogenannte Dekorationswaffen (zum Beispiel täuschend echte Nachbildungen von Gewehren, die eigentlich für Sammler gedacht sind) lassen sich zu scharfen Waffen umbauen. Es bedarf nur etwas Waffenkenntnis und handwerklichen Geschicks. Die zunehmende Verbreitung von 3D-Druckern, durch die benötigte Bauteile einfach selbst hergestellt werden können, begünstigen den Trend zum Eigenbau. Laut dem Bundeskriminalamt ist die Verbreitung so groß, dass umgebaute Waffen heute »ein wichtiges Phänomen für die Sicherheitsbehörden« darstellen und bei »schwersten Straftaten sichergestellt« werden. Zusätzlich zu den, sagen

wir, »Heimwerkern« gibt es nämlich auch »professionelle Werkstätten und Netzwerke«, die umgebaute Waffen in großer Zahl herstellen und verkaufen. Und das führt uns direkt zum vierten und letzten Weg der Waffenbeschaffung.

• **Unter der Hand:** Der kriminelle Klassiker. Waffen, die einfach illegal verkauft werden. Dazu zählen zum Beispiel die oben erwähnten umgebauten Knarren, die von dubiosen Herstellern auf den Schwarzmarkt gespült werden. Aber natürlich auch der *Real Deal* – echte Handfeuerwaffen großer Hersteller, wie etwa von Heckler & Koch, Glock oder Beretta. Waffen dieser Art werden heimlich ins Land geschmuggelt, im Darknet gehandelt oder schlicht gestohlen.

Die letzten beiden Punkte lassen sich politisch kaum kontrollieren. Es sind schlichtweg Straftaten, die polizeilich verfolgt werden müssen. Außer dem alten Katz-und-Maus-Spiel zwischen kriminellen Waffenhändlern und unseren Sicherheitsbehörden ist hier nicht viel drin. Spannender wird es bei den ersten beiden Möglichkeiten, also den legalen Wegen, an Waffen zu gelangen. Hier hat die Politik sehr wohl Einfluss.

Seit 2015 sind durch den Krieg in Syrien bei uns nicht nur die Flüchtlingszahlen stark anstiegen, auch die Bewaffnung der Deutschen geht durch die Decke. Bereits Anfang 2016 hatten sich die Suchanfragen bei Google für »Pistole kaufen« um über 1000 Prozent (!) erhöht.[*] Und,

---

[*] Diese Auswertung stammt vom Suchmaschinenexperten Felix Beilharz, der diesen extremen Anstieg im Interview mit der *Deutschen Welle* folgendermaßen begründete: »Gerade Facebook und Co. haben

welch Überraschung, nachdem die deutschen Schützenvereine zuvor fast 15 Jahre am Stück Mitglieder verloren hatten, konnten sie sich plötzlich über viele Tausende
Neuzugänge freuen! Richtig, das sind zufälligerweise
genau die Vereine, durch die man besonders schnell
an Schusswaffen gelangt. Ihre Nähe zu Waffen zieht
immer wieder die falschen Leute an. So war etwa auch
Tobias Rathjen, der rassistische Attentäter von Hanau,
ein sogenannter Sportschütze. Er war ein unauffälliges
Mitglied in einem Frankfurter Schützenverein; der Ver-
einsvorsitzende beschreibt ihn als »ruhig, freundlich,
zurückhaltend«[*]. Bei seinen Angriffen auf zwei Shisha-
Bars im Februar 2020 machte Rathjen dann gezielt Jagd
auf junge Menschen mit Migrationshintergrund und tötete dabei insgesamt neun Menschen.

Nach wie vor gilt Schießen mit scharfen Waffen bei uns
als Sport. Das kommt auch der gefährlichen Reichsbür-
gerszene gelegen, deren Anhänger teils bis an die Zähne
bewaffnet sind. Es kommt durchaus vor, dass Reichsbürger Dutzende scharfe Schusswaffen und Zehntausende
Schuss Munition horten. Offenbar sehr, sehr motivierte
Sportler, die einfach nicht genug vom Training bekommen! Was diese Waffen in solchen Händen jedoch anrichten können, wurde spätestens im Oktober 2016 jedem

---

zu einer Radikalisierung und Panikmache beigetragen, einfach deswegen, weil durch die Algorithmen jeder nur die Beiträge zu sehen
bekommt, die seine Meinung noch verstärken. Das kann dann auch
zu solchen Panikkäufen von Waffen aller Art führen.«

[*] Diese Beschreibung stammt von Claus Schmidt, dem Vereinsvorsit-
zenden vom Schützenverein Diana Bergen-Enkheim e. V. in Frankfurt
am Main. Er äußerte sie im Interview mit der *Frankfurter Neuen Presse*
(22.02.2020).

klar, der es zuvor noch auf die leichte Schulter genommen hatte. Während eines Polizeieinsatzes eröffnete ein bewaffneter Reichsbürger das Feuer auf vier Polizeibeamte. Drei Polizisten wurden verletzt, einer getötet.

So etwas passiert immer wieder – Morde und Amokläufe, bei denen Menschen mit Schusswaffen getötet werden, die auf völlig legalem Weg beschafft wurden. Ende 2020 informiert die Bundesregierung darüber, dass immer mehr extremistische Deutsche offiziell Waffen besitzen dürfen: **Innerhalb von nur einem Jahr steigt die Zahl der Rechtsradikalen, die eine amtliche »waffenrechtliche Erlaubnis« haben, um 25 Prozent.** In der separat erfassten Szene der »Reichsbürger und Selbstverwalter« nimmt dieser Wert ähnlich hoch zu, und zwar um 20 Prozent. Diese wachsende Gefahr erklärt unsere Regierung der Öffentlichkeit übrigens nicht von sich aus, sondern legt die Zahlen erst auf den Tisch, nachdem die Partei Die Linke eine Anfrage im Bundestag gestellt hat. Also wirklich toll, dass unsere Behörden so gut feststellen können, wer unter den deutschen Waffenbesitzern alles rechtsextrem ist! Applaus, Leute, gute Arbeit! Und jetzt bitte als Nächstes die Frage beantworten, warum verdammt noch mal diese Extremisten überhaupt Waffen besitzen dürfen.

Laut dem deutschen Waffengesetz sollen eigentlich »Zuverlässigkeit« und »persönliche Eignung« entscheidende Voraussetzungen dafür sein, dass jemand scharfe Waffen überhaupt erhalten darf. Doch die Praxis sieht anders aus: Eine verbindliche psychologische Überprüfung für den Waffenkauf findet nicht statt. Es wird hauptsächlich darauf geachtet, ob jemand *früher* schon einmal psychische Krankheiten hatte oder eine kriminelle Vergangenheit aufweist. Wurde ein Verbrecher jedoch nie geschnappt oder eine entsprechende Krankheit nie diagnostiziert, gilt er den verantwortlichen Behörden als unbedenklich. Manch einer stellt sich das Auswahlverfahren, wer in Deutschland eine Waffe bekommen darf und wer nicht, vielleicht wie eine Art komplexen Persönlichkeitstest vor, bei dem man umfassend analysiert wird. Doch in Wahrheit werden vor allem vorgegebene Punkte abgehakt. War bisher nie in der Psychiatrie. Check. Saß noch nie im Gefängnis. Check. Ist dem Verfassungsschutz nicht als Mitglieder einer terroristischen Vereinigung bekannt. Check. Okay, hier ist ihre halbautomatische 9-mm-Pistole, viel Spaß damit!

Diese bürokratische Massenabfertigung hat mit dazu beigetragen, dass mittlerweile rund eine Million Deutsche Zugang zu scharfen Waffen hat. Und durchschnittlich besitzt jeder von ihnen 5,4 Waffen oder Waffenteile (wie zum Beispiel Schalldämpfer). Das sind die offiziellen Angaben unseres Nationalen Waffenregisters. Ich wiederhole: eine Million Deutsche, die freien Zugang zu scharfen Waffen haben und knapp fünfeinhalb Millionen Waffen plus Zubehör völlig legal im Umlauf. Die ganzen illegalen Waffen sind da noch nicht mal mit eingerechnet. Das Märchen, dass Deutschland bezüglich Waffen so unglaublich streng und vorbildlich wäre, muss man an dieser Stelle einfach mal entkräften. **Es gibt rund 200 Länder auf der Welt – bei der Anzahl von Schusswaffen, die in der Bevölkerung vorhanden sind, belegt Deutschland Platz 8!** In der Rangliste der am meisten bewaffneten Länder (bzw. der am stärksten bewaffneten Bevölkerung) gibt es außer Deutschland kein einziges weiteres europäisches Land in den Top 10. Gesellschaft leisten uns dort stattdessen Länder wie Pakistan, Mexiko oder der Jemen.* Natürlich, wir sind nicht die USA. Dieses Land hat mehr Knarren als Einwohner. Aber sollen die USA wirklich als Vergleichsgröße dienen, insbesondere was den verantwortungsbewussten Umgang mit Waffen anbelangt? Sich hierin ausgerechnet mit den Amerikanern messen zu wollen, ist in etwa so zielführend, wie seine körperliche Fitness danach zu beurteilen, ob man beim Armdrücken einen Fünfjährigen besiegt. Es ist schlicht und ergreifend kein Maßstab.

Was die Bewaffnung der Bevölkerung angeht, gehört Deutschland jedenfalls zur Top Ten weltweit. Und seit 2015 erleben wir nicht nur ein gestiegenes »Pistole kaufen«-Interesse bei Google oder einen auffälligen Mitgliederboom bei den Schützenvereinen, sondern auch einen handfesten Zuwachs der Waffenkriminalität. Jahrelang kannten die Fallzahlen in diesem Bereich nur eine Richtung: nach unten. Dann kam auch hier die Trendwende: Zwischen 2015 und 2019 erhöhten sich die Verstöße gegen das Waffengesetz um fast 30 Prozent auf über 38 000 Fälle im Jahr. Laut Angaben des Bundeskriminalamts handelt es sich dabei zum allergrößten Teil um Fälle, bei denen festgestellt wurde, dass Bürger ihre Waffen etwa illegal erworben haben oder sie eigentlich nicht

---

* Diese Rangliste wurde 2018 im *Small Arms Survey* des Graduate Institute of International and Development Studies aus Genf veröffentlicht. Den ersten Platz im Ranking belegen erwartungsgemäß – und mit weitem Abstand – die USA.

besitzen dürften. Der hohe Anstieg bedeutet also nicht, dass an jeder Ecke wilde Schießereien ausgebrochen wären – es geht eher um das Einhalten von Regeln bei der Beschaffung von Waffen. Das ist die gute Nachricht.

Gleichzeitig ist es aber auch eine bedrohliche Entwicklung: Offenbar gelangen immer mehr Menschen in den Besitz von Waffen, die sie eigentlich überhaupt nicht bekommen dürften. Gerade vor dem Hintergrund blutiger Anschläge wie dem in Hanau sollte das Gefahrenpotenzial hier keinesfalls unterschätzt werden.

Man darf dabei auch nicht vergessen, dass in dieser Auswertung naturgemäß nur diejenigen Verstöße berücksichtigt werden, die von den Behörden auch tatsächlich *entdeckt* werden. Wie viele Waffen also tatsächlich in deutschen Nachtschränken, Kellern oder auf Dachböden lagern, weiß kein Mensch.

Noch brisanter wird die Situation durch die hohe Zahl von Waffen, die einfach so verschwinden. Hier wird es dann vollends absurd: Wenn jemand in Deutschland auf legalem Weg eine Schusswaffe erwirbt, zum Beispiel ein Gewehr oder einen Revolver, wird dies in das Nationale Waffenregister eingetragen. Der Gedanke dahinter ist einleuchtend: Auf diese Weise sollen die Sicherheitsbehörden im Blick behalten können, wer in unserem Land über potenziell tödliche Waffen verfügt. Eine solche Datenbank kann etwa dabei helfen, Straftaten aufzuklären und Terrorismus zu bekämpfen. An sich keine schlechte Idee. Nur leider hilft es überhaupt nichts, um festzustellen, was *nach* dem Kauf mit einer Waffe passiert.

Führen wir uns die Situation kurz vor Augen: Theoretisch kann jemand eine Knarre ganz legal kaufen und danach auf dem Schwarzmarkt illegal weiterverkaufen. An Terroristen, Bandenmitglieder oder einfach seinen allerbesten Freund. Auf diesem simplen Weg können auch Menschen an scharfe Waffen gelangen, die eigentlich vom Erwerb ausgeschlossen werden sollen. Ob Neonazis, Islamisten oder psychisch kranke Gewalttäter: Es reicht schon, wenn sie eine einzige (entsprechend aufgeschlossene) Person in ihrem Bekanntenkreis haben, die legal Waffen kaufen darf. Wir erinnern uns: Nahezu eine Million Menschen in Deutschland haben legalen Zugang zu scharfen Waffen. Die Wahrscheinlichkeit, zumindest einen davon zu kennen, ist bei solch einer Verbreitung recht hoch. Von diesem Bekannten können die gefährlichen Waffen erworben oder direkt »durchgereicht« werden – je nachdem wie eng die Beziehung von Käufer zu Verkäufer ist.

Was soll demjenigen, der seine Waffen legal kaufen kann, auch schon groß passieren? Falls es irgendwann tatsächlich mal zu einer seltenen amtlichen Kontrolle kommen sollte (»Hallo, wir sind hier, um zu überprüfen, ob Sie ihre legal erworbenen Waffen auch ordnungsgemäß aufbewahren«) und dann rauskommt, dass die angemeldeten Waffen leider nicht da sind, kann man immer noch behaupten: »Ja, keine Ahnung, hab ich irgendwie verloren. Beim Jagen in den Fluss gefallen«, »Aus Versehen in den Müll geworfen«, »Wurde mir geklaut«. Irgendeine Ausrede gibt es immer. Beweisen und vor allem widerlegen lässt sich so eine Behauptung nur schwer.

Hier handelt es sich nicht um harmlose, vermeintlich rein theoretische Gedankenspiele – der großflächige Verlust legal erworbener Waffen ist tatsächlich eine rasant wachsende Herausforderung für unsere Sicherheit. In den vergangenen Jahren sind ganz neue Dimensionen erreicht worden: Die Zahl der verschwundenen privaten Schusswaffen hat sich seit 2016 fast verdoppelt. **Die Bundesregierung muss Anfang 2020 zugeben, dass mehr als 33 000 (!) Schusswaffen nicht mehr auffindbar sind.** Es ist in dieser Hinsicht ein trauriger, neuer Rekord. Ein Waffenarsenal, mit dem man eine Armee ausrüsten könnte, legal erworben, offiziell registriert, alles nach Vorschrift – und zack, auf einmal sind die Knarren weg. Während wir uns für unsere strengen Vorgaben auf die Schulter klopfen, lösen sich gleichzeitig Zehntausende Waffen wie von Zauberhand in Luft auf. Die Gewerkschaft der Polizei (GdP) warnt ausdrücklich davor, diese Entwicklung auf die leichte Schulter zu nehmen:»Es wäre sicherlich naiv zu glauben, die entsprechenden Waffenbesitzer wären schusselig und hätten vergessen, wo sie ihre Waffen gelassen hätten.«* Doch in wessen Händen die tödlichen Instrumente letztlich landen, kann in den meisten Fällen nur noch geraten werden.

Das Phänomen ist so weitreichend, dass es bis in die deutschen Sicherheitskräfte selbst hineinreicht. Eigentlich sollen sie die verschwundenen Feuerwaffen aufspüren, doch immer wieder gehen ausgerechnet in ihren Kreisen noch mehr Waffen verloren. Die *Welt am Sonntag* veröffentlicht dazu 2020 eine bemerkenswerte Auswer-

---

* Diese Einschätzung stammt vom stellvertretenden Bundesvorsitzenden der GdP, dem Polizeihauptkommissar Jörg Radek. Seine Besorgnis über die stark zunehmende Zahl verschwindender Waffen in Deutschland äußerte er in einem Gespräch mit dem Berliner *Tagesspiegel* im März 2020.

tung: Redakteure der Zeitung tragen sämtliche Fälle der letzten zehn Jahre zusammen, bei denen in deutschen Sicherheitsbehörden Waffen von der Bildfläche verschwinden. Ihre Analyse berücksichtigt Vorfälle bei der Bundespolizei, dem Bundeskriminalamt, der Bundeswehr, dem Zoll sowie sämtlichen Polizeien der einzelnen Bundesländer. Das Ergebnis: Mindestens 105 Waffen fehlen, von der halbautomatischen Pistole bis hin zum Sturmgewehr. Doch sie fehlen nicht nur, es gibt zusätzlich »keinerlei Hinweise auf den Verbleib der Dienstwaffen«. Einfach weg. Diejenigen, die Tausende verloren gegangene Waffen in der Bevölkerung wiederfinden sollen, tappen sogar beim Verschwinden ihrer *eigenen* Waffen im Dunkeln.

Es mag Leute geben, die 105 wie vom Erdboden verschluckte Waffen innerhalb von zehn Jahren für eine verschmerzbare Quote halten. Doch das bedeutet, dass im Schnitt fast eine Waffe pro Monat verschwindet! Für sich genommen wäre das schon beunruhigend genug. Vor dem Hintergrund der rechtsextremen Netzwerke in den deutschen Sicherheitsbehörden wird es geradezu unerträglich. Immer wieder werden Gruppen von Polizisten oder Soldaten aufgedeckt, die sich online in Gewaltfantasien über Muslime, Flüchtlinge oder unliebsame Politiker ergehen. Einige bereiten sich sogar auf einen sogenannten Tag X vor, an dem sie die Regierung stürzen und angebliche »Volksverräter« hinrichten wollen. Wir erleben mittlerweile buchstäblich im Wochentakt neue Enthüllungen über rechtsextreme Umtriebe bei Polizei, Verfassungsschutz und Bundeswehr. Als der Bundesinnenminister Horst Seehofer (CSU) im Oktober 2020 einen entsprechenden Lagebericht präsentiert, ist von fast 1500 rechtsextremen Verdachtsfällen die Rede. Eine ungeheuerliche Zahl. Und wie immer darf man nicht vergessen: Das sind nicht *alle* Fälle, sondern nur die, die *bekannt* werden. Die unvorsichtigen Amateure, wenn man so will.

Hitler verehren, Ausländer hassen, Morde planen und knapp jeden Monat verschwindet eine Waffe: Was sich innerhalb der deutschen Sicherheitsbehörden zusammenbraut, ist ein Desaster mit Ansage. Und es zeigt, dass sich faschistisches Gedankengut durch sämtliche soziale Schichten frisst. Die Ablehnung von Demokratie und die Abscheu vor Nicht-Deutschen beschränkt sich nicht auf einige extremistische Randgruppierungen. Diese Überzeugungen sind vielmehr so fundamental in weiten Teilen unserer Gesellschaft verankert, dass sie selbst in genau jene Bereiche vordringen, die uns eigentlich vor ihnen schützen sollen. Dass Rechtsextreme nicht nur in unseren Sicherheitsbehörden arbeiten, sondern sich dort sogar noch spielend leicht mit Gleichgesinnten vernetzen können, ist kein bedauerlicher Ausrutscher. Es ist vielmehr ein Beleg dafür, wie achtlos Deutschland den Kampf gegen Faschismus über lange Zeit vernachlässigt hat. Anders ist diese Häufung rechtsextremer »Einzelfälle« in Polizei und Militär auch bei gutem Willen schlicht nicht erklärbar. Dieses Ausmaß entstand nicht über Nacht, sondern über einen langen Zeitraum. Demokratiefeinde kommen nur in solche sicherheitsrelevanten Positionen, wenn sie entweder von anderen aktiv dabei unterstützt werden oder aber dauerhaft sämtliche internen Kontrollmechanismen versagen. Keine Option ist besser als die andere.

Fassen wir also kurz zusammen: Im ersten Kapitel

konnten wir feststellen, dass die Zustimmung für antidemokratische Ideen spürbar ansteigt. Nun sehen wir, dass parallel dazu die Bewaffnung der Deutschen aus dem Ruder läuft. Die Zahl der rechtsextremen Straftaten explodiert, tödliche Waffen verschwinden in Rekordmengen und in unseren Sicherheitsbehörden ist man viel zu oft entweder ahnungslos oder trägt noch selbst zu den Problemen bei. Es geht schon längst nicht mehr um Alarmglocken oder Warnsignale, die wir bemerken müssten. Menschen sterben in Deutschland wieder, weil sie die falsche Hautfarbe, Religion oder politische Überzeugung haben. Über Warnungen und Alarmzeichen sind wir weit hinaus.

Doch noch immer haben viele Leute, gerade Spitzenpolitiker, nicht begriffen, dass wir uns nicht auf eine Katastrophe *vorbereiten*, sondern dass wir *mittendrin* sind. Das sind zwei völlig unterschiedliche Szenarien, die jeweils unterschiedliche Strategien erfordern.

Die Barbaren sind nicht auf dem Weg. Sie sind längst hier.

3 DIE NEUE (ALTE) ROLLE DER FRAU

»Die Frauen wurden lange Zeit Königinnen genannt,
aber das Königreich, das man ihnen gab,
war es nicht wert, regiert zu werden.«

Louisa May Alcott

Frauen, die kämpfen

In den vergangenen Jahrzehnten hat sich das Leben von Frauen in Deutschland radikal verändert. Sie sind heute so frei, unabhängig und einflussreich wie niemals zuvor. Und nichts davon wurde ihnen geschenkt. Jedes noch so kleine bisschen Gerechtigkeit, jede einzelne demokratische Selbstverständlichkeit musste erst gegen erbitterten Widerstand erkämpft werden. Die Veränderungen waren so gravierend, dass bereits die Erfahrungen unserer eigenen Mütter oder Großmütter aus heutiger Sicht teils unvorstellbar sind. Das bedeutet nicht, dass sie früher keine glücklichen Momente hatten oder insgesamt keine schöne Zeit auf dieser Welt verbringen konnten. Aber das Leben, das Frauen heute führen können, war noch vor wenigen Generationen nicht viel mehr als der mutige Traum von noch mutigeren Frauen.

Um besser verstehen zu können, wie weit wir tatsächlich gekommen sind, im Folgenden zunächst eine kurze Übersicht einiger zentraler Errungenschaften der Frauenbewegungen:

- **1918: Frauen dürfen wählen und gewählt werden.** Vor rund hundert Jahren durften Frauen erstmals bei

Wahlen ihre Stimme abgeben – oder gleich selbst für politische Ämter kandidieren.* Natürlich nicht, weil die Männer darauf gekommen wären, dass das eine total tolle Idee wäre, sondern weil sich das Land nach dem Ende des Ersten Weltkrieges im Chaos befand. Dutzende Frauenorganisationen nutzten die einmalige Gelegenheit und übten gemeinsam Druck auf die politisch Verantwortlichen aus. Die Frauen setzten sich durch und durften endlich politisch aktiv werden – ein Meilenstein!

- **1958: Frauen dürfen den Führerschein ohne die Genehmigung eines Mannes machen.** Prinzipiell durften Frauen zwar auch schon vorher Auto fahren, sie brauchten dazu allerdings die Erlaubnis von ihrem Ehemann oder Vater. Konnte (oder wollte) sich der Mann nicht damit abfinden, dass seine Gattin oder Tochter selbstbestimmt mobil sein wollte, konnte die Frau ihre Autoträume vergessen.
- **1962: Frauen dürfen ein eigenes Bankkonto eröffnen.** Man kann nicht frei sein, ohne frei über sein Vermögen zu bestimmen. Diese Freiheit wurde deutschen Frauen lange vorenthalten. In der Theorie durften Frauen ein eigenes Konto führen, in der Praxis mussten sie dafür aber zunächst die notwendige Erlaubnis von ihrem Ehemann erbetteln. Gegen den Willen des Mannes lief nichts.

---

*   »Hundert Jahre« klingt im ersten Moment vielleicht lang, aber im Endeffekt sind das gerade einmal zwei (kurze) Menschenleben. Historisch betrachtet ist es nicht mehr als eine Fußnote. Um es noch deutlicher zu machen: *Edeka* wurde 1907 gegründet (und verkaufte übrigens schon ab 1912 die ersten Eigenmarkenprodukte). *Edeka* ist älter als das Frauenwahlrecht!

- **1977: Frauen dürfen ohne die Erlaubnis ihres Mannes arbeiten.** Noch tief bis in die 70er-Jahre hinein waren Frauen, die arbeiten wollten, darauf angewiesen, dass ihr Mann es ihnen offiziell genehmigte. War der Mann etwa der Auffassung, dass die Berufstätigkeit seine Ehefrau nur von der Hausarbeit abhalten würde oder dass der Job ihren Horizont erweitern und sie eventuell in Kontakt mit erfolgreichen und attraktiven Arbeitskollegen bringen würde, konnte er ihr die Arbeit verbieten. Dagegen vorgehen konnten Frauen nicht. Erst mit der neuen Regelung konnten sie endlich selbst entscheiden.
- **1992: Frauen dürfen nachts arbeiten.** Nachtarbeit ist wohl für die Wenigsten eine wirklich angenehme Sache. Viele Branchen sind jedoch darauf angewiesen: Morgens eine Bäckerei zu öffnen, ohne in der Nacht zuvor die Backwaren vorzubereiten, ist etwa unmöglich. Für Frauen gab es bei der Berufswahl jedoch lange gesetzliche Einschränkungen: Noch bis 1992 durften Arbeiterinnen in Deutschland zwischen 20 Uhr abends und 6 Uhr morgens grundsätzlich nicht arbeiten – »aus sittlichen und gesundheitlichen Gründen«, wie es hieß. Vorgeblich sollten die zarten Damen vor anstrengender Nachtarbeit geschützt werden. Der wahre Grund dürfte jedoch eher sein, dass die Männer nicht wollten, dass ihre Frauen zu später Stunde alleine unterwegs waren: »Wer weiß denn schon, wo – oder mit wem? – die Weiber sich herumtreiben, wenn man(n) sie mal nicht im Blick hat?« Ein weiteres Gesetz, um Frauen zu kontrollieren und im Haus zu halten.
- **1999: Vergewaltigung in der Ehe wird strafbar.** Kurz vor der Jahrtausendwende konnte sich die deutsche

Politik doch noch dazu durchringen, eine simple Tatsache endlich anzuerkennen: Eine Vergewaltigung ist eine Vergewaltigung, völlig egal, ob Täter und Opfer miteinander verheiratet sind oder nicht. Bis zur überfälligen Gesetzesänderung gab es »Vergewaltigung in der Ehe« vor deutschen Gerichten einfach nicht. Frauen, die nicht mit ihrem Ehemann schlafen wollten und von ihm dazu gezwungen wurden, konnten die Vergewaltigung daher nicht einmal bei der Polizei anzeigen. Der Ehemann konnte nach deutschem Recht maximal wegen Nötigung oder Körperverletzung belangt werden – wenn die Anzeige von den Beamten denn überhaupt aufgenommen wurde. Und kam es in diesen Punkten tatsächlich zu einer Verurteilung, dann natürlich auch mit entsprechend milderen Strafen. Die Änderung dieser skandalösen Praxis war übrigens keinesfalls ein Selbstläufer: Mehr als jeder vierte Abgeordnete im Bundestag stimmte gegen eine Änderung oder enthielt sich. Unter den »sympathischen« Neinsagern, die ernsthaft *gegen* eine Strafbarkeit von Vergewaltigung in der Ehe stimmten, befanden sich auch heute noch bekannte Politikgrößen wie Friedrich Merz oder Horst Seehofer.

Diese Beispiele machen deutlich, wie viel sich für Frauen in Deutschland verändert hat. Über Jahrhunderte war es selbstverständlich, dass sie als Menschen zweiter Klasse angesehen (und auch dementsprechend behandelt) wurden. Sie sollten Kinder kriegen, Essen kochen und vor allem ihre Schnauze halten. Was sie auf keinen Fall sollten, war, das bestehende Herrschaftssystem infrage zu stellen oder gar herauszufordern. Vom gesellschaftlichen Rang her bewegten sie sich irgendwo zwischen Kleinkind und Haustier.

Frauen durften nicht studieren, weil Männer sie für zu dumm hielten; sie durften keine größeren Anschaffungen tätigen, weil sie grundsätzlich als »nicht geschäftsfähig« eingestuft wurden; sie durften noch nicht einmal Fußball spielen, weil beim Laufen ihre Brüste wackeln und das sei nun mal einfach viel zu sexuell und verdorben!*

Wenn man sich das Ausmaß der alten Ungerechtigkeit bewusst macht, ist die heutige Lebensrealität von Frauen in Deutschland nicht weniger als ein modernes Wunder. Innerhalb weniger Jahrzehnte konnten Zwänge und Verbote hinfortgefegt werden, die Frauen zuvor für Ewigkeiten unterdrückt hatten.

Zwei Punkte müssen wir an dieser Stelle unbedingt festhalten:

1. **Die heutige Freiheit von Frauen ist eine historische Ausnahme.** Die meiste Zeit waren Frauen unfrei. Geschichtlich betrachtet, ist ihre heutige soziale Stellung eine absolute Neuheit. Ein selbstbestimmtes Leben

---

* Kein Scherz: Bis 1970 verbot der Deutsche Fußball-Bund (DFB) offiziell Frauenfußball! Fußballvereine durften keine Frauenmannschaften zulassen, Frauen nicht auf ihren Sportplätzen spielen lassen und Schiedsrichter durften keine Spiele von Frauen pfeifen. Als Begründung sogen sich die DFB-Männer damals alles Mögliche aus den Fingern: Frauen könnten sich beim Spiel verletzen und ihre »Gebärfähigkeit« riskieren, die »Seele« einer Frau würde Fußball nicht aushalten und »unweigerlich Schaden« erleiden und natürlich der Klassiker: »das Zurschaustellen des Körpers verletzt Schicklichkeit und Anstand.« Übersetzt: Frauen, die Fußball spielen, sind BILLIGE SCHLAMPEN! Notgeile Männer sind natürlich nicht das Problem, aber Frauen, die Sport machen wollen, GANZ schwierig!

war für Frauen nicht vorgesehen, sie haben es sich erkämpft.

2. **Selbst die größten Widerstände können überwunden werden.** Die deutsche Gesellschaft war früher hauptsächlich auf einer sozialen Formel aufgebaut: Der Mann bestimmt, die Frau gehorcht. Ein anderes System war geradezu undenkbar. Aber allen Widrigkeiten zum Trotz: Frauen sind heute frei. Alles ist möglich.

Ist das Leben von Frauen heute perfekt? Natürlich nicht. **Noch immer werden Frauen in vielen Punkten gegenüber Männern benachteiligt.** Etliche Statistiken und wissenschaftliche Studien belegen strukturelle Ungerechtigkeiten. Vermutlich jede Frau in Deutschland hat darüber hinaus ganz eigene Erfahrungen mit Sexismus, etwa aus Vorstellungsgesprächen, Gehaltsverhandlungen oder wie Vorgesetzte und Kollegen sich ihnen gegenüber verhalten. Eine echte Gleichstellung von Männern und Frauen gibt es auch heute nicht. Doch viele Hürden wurden zumindest zum Teil abgebaut. Nie zuvor hatten Frauen in Deutschland so viele Rechte und Möglichkeiten.

Umso erschreckender ist es, dass trotz all dieser Errungenschaften das Pendel der Geschichte mittlerweile schon wieder in die entgegengesetzte Richtung schwingt.

Frauen, die bekämpft werden

Man gerät leicht in Versuchung, die Fortschritte unserer Gesellschaft als selbstverständlich hinzunehmen. Sich erleichtert zurückzulehnen, sobald neue Gesetze gegen alte Ungerechtigkeiten nach langem Protest endlich in Kraft treten. Es ist ein gutes Gefühl. Aber leider kann man sich nicht darauf verlassen, dass das Erreichte auch bestehen bleibt. Ganz zu schweigen von der Frage, ob das Erreichte überhaupt ausreicht, um Gleichberechtigung herzustellen.

Zwei der wichtigsten Rechte, die Frauen sich erkämpfen konnten, wurden im vorigen Kapitel nicht erwähnt: **ein neues Scheidungsrecht und die Möglichkeit, ohne Strafe abtreiben zu dürfen.** Diese feministischen Erfolge waren bahnbrechend und schafften im Leben unzähliger Frauen Möglichkeiten, wo zuvor Sackgassen waren. Doch beide werden heute wieder so scharf attackiert wie lange nicht – und hängen enger zusammen, als es zunächst den Anschein hat.

Als Scheidungen in Deutschland 1977 neu geregelt wurden, handelte es sich um nichts weniger als einem sozialen Quantensprung. Man muss sich in diese Zeit zurückversetzen. Der deutsche Staat sah seine Aufgabe damals vor allem darin, Trennungen von Ehepartnern so schwer und erniedrigend wie möglich zu machen. Einmal verheiratet, konnte die Ehe nur gelöst werden, wenn *beide* Partner einer Scheidung zustimmten. Diese Regelung benachteiligte vor allem Frauen, da sie statistisch meist diejenigen sind, die eine Scheidung einreichen. Wollte eine Frau etwa einen fremdgehenden, gewalttätigen Ehemann verlassen, musste dieser erst zustimmen. Verweigerte er aber die Scheidung, zum Beispiel aus Eifersucht, Hoffnung auf bessere Zeiten oder gar aus Rache, um sie absichtlich zu quälen, gab es für die Frau zu dieser Zeit keinen Weg aus der Ehe. Doch damit nicht genug: Stimmte der Partner einer Scheidung tatsächlich zu, fingen die Demütigungen erst an. Um eine Ehe zu beenden, musste der Staat erst feststellen, wer »Schuld« hatte. Friedliche Trennungen wurden somit geradezu unmöglich gemacht. Vor deutschen Gerichten wurden regelrechte Schlammschlachten ausgetragen; bis ins kleinste Detail wurde darüber gestritten, wer dafür verantwortlich war, dass es mit dem gemeinsamen Leben nicht geklappt hatte. Denn der »schuldige« Ehepartner wurde anschließend mit aller gesetzlichen Härte bestraft und verlor sowohl das Sorgerecht für die Kinder als auch den Anspruch auf Unterhaltszahlungen. Keine Kinder, kein Unterhalt: Dreimal darf man raten, wen diese Strafen mehr trafen, Männer oder Frauen?

Das *neue* Scheidungsrecht wurde erst möglich durch die SPD, die über die gesamte 70er-Jahre hinweg die Regierung führte. Der Justizminister Hans-Jochen Vogel (SPD) versprach, das neue Recht solle nicht »strafen und ahnden, sondern helfen und dafür sorgen, dass Eheleute ohne Hass, mit einem Minimum an Bitterkeit und einem Maximum an Fairness auseinander gehen.« Unglücklichen Menschen helfen? Maximale Fairness? CDU und CSU tobten, die katholische Kirche war sowieso dagegen. Am Ende setzten sich die Sozialdemokraten aber durch: Das »Schuldprinzip« wurde abgeschafft und Scheidungen waren fortan auch ohne Zustimmung beider Eheleute möglich. Ein gesellschaftlicher Befreiungsschlag. »Damals ist die Macht der Paschas zusammengebrochen«, fasste es eine beteiligte SPD-Abgeordnete später zusammen.* Nun ist das mit den Paschas so eine Sache. Man kann sie kritisieren, man kann sich gegen sie wehren und man kann – wie wir gesehen haben – sogar gegen sie gewinnen! Aber man kann sich leider ebenfalls darauf verlassen, dass Paschas eine Niederlage nicht einfach so auf sich sitzen lassen. Denn mittlerweile stehen sie politisch wieder auf der Matte und fordern nicht weniger als eine Abkehr vom modernen Scheidungsrecht.

Im Frühling 2017 geschieht in der deutschen Politik etwas, was zuvor buchstäblich jahrzehntelang viele kaum für möglich – und erst recht nicht für sinnvoll – gehalten hatten. Dieses Ereignis spielt sich in Köln ab, wo die AfD an einem Wochenende im April einen wichtigen Parteitag abhält. Hunderte AfD-Politiker kommen in einem Hotel zusammen und diskutieren über die bevorstehende Bundestagswahl im Herbst. In wenigen Monaten werden Millionen Deutsche an die Wahlurnen gebeten. Die AfD ist damals noch nicht im Bundestag vertreten und die Parteimitglieder beraten in Köln über ihr Wahlprogramm. Welche Forderungen soll man aufnehmen? Welche politischen Ziele will man erreichen? Kurz gesagt: Was muss sich in Deutschland verändern?

---

* So passend brachte es Herta Däubler-Gmelin (die Jahre später übrigens selbst deutsche Justizministerin wurde) 2017 in einem Interview mit dem WDR auf den Punkt.

Schon 2017 ist die AfD vor allem eine Partei der (alten) Männer. Das erkennt man besonders deutlich, als sich die Mitglieder schließlich über die aus ihrer Sicht notwendigen Änderungen in der deutschen Gesellschaft einig werden. Gleich auf mehreren Seiten des Wahlprogramms lässt man sich über den vermeintlich desolaten Zustand der heutigen Ehe aus. Der Tenor: Ist doch alles nicht mehr ernst zu nehmen. Alles zu weich geworden, alles zu lasch. Dann lässt man die Bombe platzen. **Die Neuregelung des Scheidungsrechts in den 70er-Jahren wird frontal angegriffen.** Die revolutionären Änderungen – von denen besonders Frauen profitiert haben – werden als gewaltiger Fehler eingeordnet. »Eine derartige Rechtsprechung ist nicht geeignet, die Partner zu ehelicher Solidarität anzuhalten und beeinträchtigt die Stabilität bestehender Ehen«, heißt es 40 Jahre nach den Reformen wieder im AfD-Wahlprogramm. Auch die alten Druckmittel gegen Frauen scheinen die AfDler zu vermissen. Sie kritisieren, dass seit den rechtlichen Änderungen ein »Fehlverhalten gegen den Ehepartner bei der Bemessung finanzieller Ansprüche nach Trennung und Scheidung oft ohne Auswirkung« bleibe.

Im Klartext: Bei Scheidungen soll wieder bestraft werden können. Ehepartner sollen offenbar wieder Angst bekommen, nach einer Scheidung in finanzielle Probleme zu geraten. Die AfD beschwört geradezu die längst überwundene Schuldfrage und fordert: »Schwerwiegendes Fehlverhalten gegen die eheliche Solidarität muss bei den Scheidungsfolgen wieder berücksichtigt werden«. Betonung auf »wieder« – so wie früher, in der guten, alten Zeit. Wenn Ehen scheitern, sollen die Schuldigen wieder für ihre vermeintlichen Fehler staatlich bestraft werden können. Wie genau so ein »schwerwiegendes Fehlverhalten« eigentlich aussehen soll, erklärt die Partei in ihrem Wahlprogramm natürlich nicht.

Auch Alleinerziehende bekommen ihr Fett weg: Man sei »gegen jede finanzielle Unterstützung von Organisationen, die ›Einelternfamilien‹ als normalen, fortschrittlichen oder gar erstrebenswerten Lebensentwurf propagieren.« Sooo weit kommt's noch, dass Familien als »normal« angesehen werden, in denen sich nur ein Elternteil um die Kinder kümmert! Wie so oft setzt die Partei auf Ausgrenzung und Verteufelung. Darüber, wer hier hauptsächlich gemeint ist, sollte man sich übrigens keine Illusionen machen: **Mehr als 80 Prozent aller Alleinerziehenden in Deutschland sind Frauen.** Wenn die AfD also fordert, solch ein Leben solle weder als »normal« noch »erstrebenswert« gelten, richtet es sich zum absoluten Großteil gegen Mütter. Bezeichnenderweise gibt es im Wahlprogramm sogar ein eigenes Unterkapitel namens »Väter stärken« – einen entsprechenden Punkt »Mütter stärken« findet sich, o Überraschung, selbstverständlich nicht. Stattdessen schwärmt die AfD von einer »gezielten Politik für Männer und Väter«. Die Prioritäten sind klar.

Worauf sich die AfD an diesem Wochenende in Köln verständigt, wirkt wie eine Pascha-Horror-Fahrt in längst vergangene Zeiten: Kinder allein großzuziehen ist nicht »normal«, Scheidungen sollen erschwert werden und staatlicher Druck soll Ehepartner davon abhalten, sich zu trennen. Lange Ehen und niedrige Scheidungsraten – nicht aus Liebe, sondern aus Angst vor Strafen. Es ist ein kaltes, erniedrigendes Verständnis von Ehe, das sich im Wahlprogramm der AfD nachlesen lässt. Einige Monate später, bei der Bundestagswahl im September 2017, wird die Partei damit triumphal in den Deutschen Bundestag einziehen – als drittstärkste Kraft. Millionen Deutsche wählen die AfD und stimmen somit auch für ein Scheidungsrecht nach alter Art, das vor allem Frauen schadet.*

Wusste jeder Einzelne dieser AfD-Unterstützer, was er da eigentlich wählt? Höchstwahrscheinlich nicht. Nach den hohen Flüchtlingszahlen ab 2015 wird es vielen Wählern im Jahr 2017 vor allem darum gegangen sein, mit ihrer Stimme für die AfD ein Zeichen des Protests gegen mehr Zuwanderung zu setzen. Keine andere Partei giftete immerhin annähernd so stark gegen Ausländer und Muslime wie die AfD. Deren Forderung nach einem rückwärts gewandten Scheidungsrecht dürfte den wenigsten Wählern überhaupt bekannt gewesen sein. Doch das macht die Sache nicht besser, sondern schlimmer. Es zeigt, dass die Wähler bereit sind, nahezu alles mitzutragen, wenn sie nur insgesamt emotional genug aufgepeitscht werden. Wenn etwa die Angst vor Südländern oder der Hass auf den Islam so stark sind, dass alles andere diesen Reizthemen untergeordnet wird, haben Populisten leichtes Spiel. Die Versprechen »Ausländer

---

* Der AfD-Funktionär Hans Thomas Tillschneider (2016 in den Landtag von Sachsen-Anhalt gewählt) forderte bereits knapp ein Jahr zuvor öffentlich, »Scheidungen und Trennungen sollten rechtlich erschwert« werden. Und überhaupt, Männer und Frauen bräuchten eine »unterschiedliche, ihrem Wesen angemessene Gewichtung von Rechten und Pflichten«. Ich sag mal so, Gleichberechtigung klingt anders. Noch vor wenigen Jahren hätte sich bei solchen Sätzen hauptsächlich Fremdscham breitgemacht, doch in der heutigen Zeit gibt es für so etwas einen gutbezahlten Sitz im Landtag von Sachsen-Anhalt.

raus« oder »Moscheen schließen« sind für viele Wähler so attraktiv, dass sie schlicht nicht ins Kleingedruckte schauen, nach dem Motto:

»Die Partei will weniger Ausländer? Alles klar, reicht mir, mehr muss ich gar nicht wissen!« Ob sie sich damit am Ende vielleicht sogar selbst schaden, spielt in diesem Moment keine Rolle. Genauso gut hätte die AfD vermutlich auch »Wenn wir gewählt werden, dürfen wir jedem unserer Wähler vor's Schienbein treten!« in ihr Wahlprogramm schreiben können. Es scheint vollkommen egal, wie sinnlos oder schädlich ihre anderen politischen Ziele sind, wenn nur die generelle Ausrichtung »Gegen Islamisierung! Gegen Masseneinwanderung!« funktioniert. Auf diese Weise könnten bei uns in Zukunft selbst noch so abwegige Gesetze entstehen. Denn wenn Populisten durch ihre Stimmungsmache genügend Sitze in unseren Parlamenten erhalten, könnten sie durch diese Macht anschließend auch Dinge ändern, von denen ihre Wähler vor lauter Wut auf andere Themen nicht den leisesten Schimmer haben.

Noch härter attackiert als unser modernes Scheidungsrecht werden die Fortschritte bei Abtreibungen. Die derzeitige Rechtslage ist hier eigentlich schon beschämend genug: **Es gibt in Deutschland nach wie vor kein wirkliches Recht auf Abtreibung.** Für dieses Recht streiten Frauen bis heute. Es stimmt zwar, dass es bei uns unter bestimmten Voraussetzungen möglich ist, eine ungewollte Schwangerschaft abzubrechen. Es gibt in Deutschland allerdings kein eindeutiges Abtreibungs-»Recht«, sondern lediglich einen peinlichen, juristischen Kompromiss: Laut unserem Gesetz sind Abtreibungen *verboten*.

Aber wenn man es doch tut – und sich dabei an gewisse Regeln hält – wird man *nicht* bestraft.

Noch mal, weil es so Banane ist: Abtreibungen sind *verboten*, aber werden *nicht* bestraft.

Was dieser Unsinn soll? Mit dieser »Eigentlich verboten, aber irgendwie erlaubt«-Regelung sollen vor allem die zarten Männerseelen beruhigt werden, die noch immer nicht damit zurechtkommen, dass Frauen selbst über ihren Körper und eine Schwangerschaft bestimmen dürfen.

Die aktuelle Lage ist ein Ergebnis der 70er-Jahre: Jahrelang setzten sich damals SPD und FDP dafür ein, dass Frauen zu Beginn einer Schwangerschaft legal abtreiben dürfen. CDU und CSU dachten, sie hören nicht richtig. Die katholische Kirche machte ebenfalls Druck, diese Entscheidung auf keinen Fall den Frauen zu überlassen. Frauen, die selbst entscheiden, das fehlte gerade noch! Um sie davon abzuhalten, wurde von Unions-Politikern im Bundestag blockiert, geklagt und geschmollt, was das Zeug hielt.

Nach ewigem Hin und Her einigte man sich 1976 schließlich auf einen Kompromiss: Na gut, liebe CDU-Machos und Kirchen-Paschas, Abtreibungen bleiben *grundsätzlich* verboten, freut euch; aber wenn Frauen eine Abtreibung innerhalb der ersten zwölf Wochen ihrer Schwangerschaft durchführen lassen UND sich vorher beraten lassen, dann wird es zumindest *nicht* bestraft. Außerdem sollte eine Abtreibung erlaubt sein, wenn die Schwangerschaft durch eine Vergewaltigung entstand oder falls dadurch das Leben der Mutter gefährdet ist. Können damit alle leben? Alles klar, danke und schönes Wochenende!

Dieser Basarhandel aus Rücksicht auf CDU und Kirche ist der Grund, warum Frauen sich in Deutschland bis heute bei Beratungen vor einer Abtreibung anhören dürfen, dass Kinder doch etwas ganz Besonderes seien, dass ein Schwangerschaftsabbruch ja auch Risiken für die eigene Gesundheit bedeuten kann und überhaupt, ob sie sich das nicht noch mal überlegen wollen, hm? Ganz so, als wären Frauen begriffsstutzig oder würden sich die Entscheidung über eine Abtreibung leicht machen! Dahinter steckt im Kern noch immer der alte Männerglaube daran, dass Frauen halt einfach ein bisschen hängengeblieben sind und ohne fremde Hilfe keine wichtige Entscheidung treffen können. In einem der schwersten Momente ihres Lebens wird von ihnen per Gesetz verlangt, dass sie einer unbekannten Person noch einmal alles erzählen und sich rechtfertigen. Dabei ist diese Art von Beratung keinesfalls ergebnisoffen oder einfach nur nett gemeint: Das gesetzlich festgelegte Ziel dieser Beratungen vor einer Abtreibung ist es, »die Frau zur Fortsetzung der Schwangerschaft« zu beeinflussen; ganz offen nachzulesen in § 219 unseres Strafgesetzbuches, als wäre es das Normalste der Welt.

Frauen tun in dieser Lage das, was sie so oft tun müssen: Sie ertragen es. Nicht, weil sie wollen oder weil es Sinn macht. Sondern weil die männlich dominierte Politik ihnen keine andere Wahl lässt. Zahlreiche Feministinnen und Frauenverbände kritisieren die entwürdigende Rechtslage zu Recht, aber haben sich nur deshalb halbwegs mit ihr arrangiert, weil sie wissen, dass sie früher noch schlimmer war.

Doch wer sagt, dass es nicht *wieder* schlimmer werden kann?

Dafür braucht es noch nicht einmal neue Gesetze. Es reicht schon eine Mischung aus Angst, Religion und Nationalismus, die in ausreichender Menge die Gesellschaft erfasst – einen alten Zeitgeist, der Abtreibungen wieder als eine Sünde brandmarkt, an der sich gefälligst niemand die Hände schmutzig macht. Der kritische Punkt, ab dem dieser gesellschaftliche Wandel für viele Frauen spürbar (und in Statistiken messbar) wird, ist mittlerweile leider wieder erreicht.

Die Zahl der Arztpraxen und Kliniken in Deutschland, in denen Frauen eine Abtreibung durchführen können, hat sich in den vergangenen Jahren nahezu halbiert. Führten im Jahr 2003 noch etwa 2050 Einrichtungen Schwangerschaftsabbrüche durch, reduzierte sich 2019 ihre Zahl auf nur noch 1149. Im selben Jahr berichtete die *Tagesschau*, dass es in ganz Niederbayern (einem Bezirk mit immerhin 1,24 Millionen Einwohnern; mehr als etwa Köln oder Frankfurt am Main) nur *einen einzigen* Arzt gebe, der Abtreibungen durchführe. In der Großstadt Stuttgart gebe es außerdem *kein einziges* Krankenhaus, das den Eingriff anbiete.

Dieser gewaltige Rückgang von Ärzten, die bereit sind, ungewollt Schwangeren zu helfen, lässt sich im gesamten Land beobachten. Immer weniger Ärzte wollen etwas mit Abtreibungen zu tun haben. Das hat handfeste Folgen für Frauen, die auf einen solchen Arzt angewiesen sind: Die Wege zu den Kliniken werden für sie länger, was mehr Zeitaufwand und höhere Fahrtkosten bedeuten kann. Die *Deutsche Welle* (der Auslandsrundfunk Deutschlands) berichtete 2019, dass Frauen aufgrund dieser Entwicklung teils »Hunderte von Kilometern fahren müssen, um einen Arzt zu finden, der [eine Abtreibung] durchführt«. Gerade für Frauen in einer Notsituation können teure Bahntickets oder Taxis jedoch eine echte Belastung sein. Die großen Entfernungen erschweren es zudem, eine ungewollte Schwangerschaft für sich zu behalten, falls man sich – aus welchen Gründen auch immer – dazu entscheidet. Wie erklärt man etwa neugierigen Freunden oder Familie, warum man so ungewöhnlich lange unterwegs war? Es ist ein Unterschied, ob man solch einen Eingriff in der eigenen Stadt vornehmen kann, oder ob man dafür sogar das Bundesland wechseln muss. Die sinkende Versorgung ärztlicher Betreuung ist eine zusätzliche Belastung für ungewollt schwangere Frauen, sowohl seelisch als auch finanziell.

Deutschland ist ja eigentlich berühmt (manche würden sagen »berüchtigt«) dafür, dass es für alles irgendein Gesetz gibt. So ist es im Grunde auch mit der Hilfe bei Abtreibungen. Es gibt extra das sogenannte Schwangerschaftskonfliktgesetz. Dieses Gesetz verpflichtet die Bundesländer zu Folgendem: »Die Länder stellen ein ausreichendes Angebot ambulanter und stationärer Einrichtungen zur Vornahme von Schwangerschaftsabbrüchen sicher.«

Diese Formulierung ist gleichzeitig eindeutig und schwammig. Sie erkennt an, dass es »ausreichend« Einrichtungen geben muss, in denen Abtreibungen durchgeführt werden. Doch was »ausreichend« in Zahlen tatsächlich bedeutet, darf sich jeder selbst zusammenreimen. Braucht es eine Praxis pro 100 000 Einwohner? Oder reicht auch ein Arzt für ein ganzes Bundesland?

Über das gesetzlich garantierte »ausreichende Angebot« für Schwangerschaftsabbrüche können Frauen jedenfalls nur hilflos lachen – oder weinen, je nachdem. Denn es existiert hauptsächlich auf dem Papier. Je weniger Ärzte Abtreibungen anbieten, desto schwieriger wird es, eine Abtreibung rechtzeitig vorzunehmen. Wohl jeder, der schon mal versucht hat, einen Termin bei einem Spezialisten zu bekommen, kennt das Spiel: Man will dringend eine gesundheitliche Beschwerde untersuchen lassen, ruft beim Spezialisten an, ob vielleicht kurzfristig was frei ist, lässt sich gepflegt von der Sprechstundenhilfe am Telefon auslachen und vereinbart dann zerknirscht einen Termin für den übernächsten Herbst. Wir alle sind diese ewigen Wartezeiten gewohnt. Versetzen wir uns nun in die Lage einer ungewollt schwangeren Frau: Sie darf nur bis zur zwölften Woche legal abtreiben und oftmals vergehen viele Wochen, bevor sie *überhaupt merkt*, dass sie schwanger ist. Jetzt viel Spaß, in einer ohnehin emotional belastenden Ausnahmesituation auch noch unter erbarmungslosem Zeitdruck (und zunehmendem Ärztemangel) einen freien Termin zu finden!

Warum geht die Zahl von Ärzten, die Schwangerschaften abbrechen, heute wieder so stark zurück? Auf diese Frage gibt es zwei Antworten:

1. Einige Ärzte *wollen* schlicht nicht abtreiben, weil sie den Eingriff nicht mit ihrem Glauben oder ihren ethischen Überzeugungen vereinbaren können.
2. Andere Ärzte *verzichten* darauf, Abtreibungen durchzuführen, weil sie sich Sorgen machen, für ihre Arbeit von anderen moralisch verurteilt oder sogar gewaltsam angegriffen zu werden.

Über den ersten Punkt lässt sich immerhin streiten. Man kann es als persönliche oder berufliche Freiheit eines jeden einzelnen Arztes akzeptieren, dass er seinen Kunden eine bestimmte Behandlung anbietet oder nicht. Man könnte ebenso argumentieren, dass Ärzte keine »Kunden« sondern Patienten haben und es ungerecht ist, Menschen, die auf sie angewiesen sind, eine Behandlung zu verweigern, nur weil Ärzte und Patienten unterschiedliche Moralvorstellungen haben. Aus der Geschichte wissen wir, dass Abtreibungen keine neue Erfindung sind, sondern dass es sie schon immer gegeben hat, in allen Kulturen und Zeiten. Die Frage ist, wie eine Gesellschaft damit umgeht: Bietet sie Frauen in Not einen sicheren, legalen Zugang oder werden sie mit Verboten und Strafen zu gefährlichen Selbstversuchen oder in die Hände unerfahrener Amateure getrieben? Wenn sich jedenfalls das Weltbild deutscher Ärzte in den vergangenen Jahren offenbar derart drastisch verändert hat, dass die gesetzlich festgelegte »ausreichende« Versorgung von ungewollt schwangeren Frauen nicht mehr gewährleistet ist, muss man darüber diskutieren, wie das verdammt noch mal sein kann. Wir erinnern uns: Fast jede zweite Einrichtung, die noch um die Jahrtausendwende Abtreibungen durchführte, nimmt sie heute nicht mehr vor oder wurde geschlossen. Das ist nicht nur eine Statistik, das ist ein Statement – *für* alte Zeiten und *gegen* die Moderne.

Beim zweiten Punkt, also Ärzten, die nur deshalb keine Abtreibungen durchführen, weil sie Angst vor den Folgen haben müssen, wird es dann vollends indiskutabel, was den Zustand unserer verrohten Gesellschaft betrifft. **Laut der Bundesärztekammer verzichten viele Ärzte in**

Deutschland mittlerweile lieber auf den Eingriff, weil sie nicht ins Fadenkreuz militanter Abtreibungsgegner geraten wollen. Mit diesen ist tatsächlich nicht zu spaßen: Radikal-konservative Aktivisten stellen im Internet Ärzte und Kliniken an den Pranger, die Schwangerschaften abbrechen, und beschimpfen sie als »Mörder«, die einen »Völkermord am eigenen Volke« betreiben würden. Abtreibungen werden »Kinderschlachtung« genannt und als größeres Verbrechen als die Verfolgung der Juden im Nationalsozialismus bewertet. Manche Abtreibungsgegner lauern an Arztpraxen Frauen auf, die abtreiben wollen, und belästigen sie. Ärzte bekommen Drohmails und werden mit sinnlosen, aber nervenzehrenden Anzeigen überzogen. Es ist eine Taktik der Einschüchterung und des Psychoterrors, die Wirkung zeigt. »Wir haben großes Verständnis für jeden Arzt, der unter den derzeit herrschenden Bedingungen keine Schwangerschaftsabbrüche vornehmen möchte«, so kommentierte 2018 der damalige Präsident der Bundesärztekammer, Dr. Frank Ulrich Montgomery, im Gespräch mit dem ARD-Magazin *Kontraste* die steigende Gefahr durch Abtreibungsgegner. Eine wichtige Rolle dürfte dabei für deutsche Ärzte auch der Blick in die USA spielen: Dort haben Abtreibungsgegner bereits mehrere Ärzte und Mitarbeiter entsprechender Kliniken umgebracht. Eine Eskalation, die auch in Deutschland denkbar ist, vor allem, wenn man sich noch einmal die (in den Kapiteln 1 und 2 bereits beschriebene) zunehmende Bewaffnung und Radikalisierung unserer Gesellschaft vor Augen führt.

Diese leider berechtigte Sorge vor Beschimpfungen und Gewalt bremst eine Besserung der gesellschaftlich beschämenden Lage empfindlich aus. Und man sollte nicht den Fehler begehen, die radikalen Abtreibungsgegner in unserem Land als ein Internet-Phänomen zu verharmlosen, als Spinner, die man einfach nicht so ernst nehmen dürfe. Ihre destruktive Macht ist real und ihr Einfluss zeigt sich besonders deutlich an drei Ziffern und einem Buchstaben: 219a.

Der Paragraf 219a barg bis vor Kurzem eine weitere ungeheuerliche Schikane für ungewollt schwangere Frauen: Er regelte, dass Ärzte öffentlich *nicht* darüber informieren durften, dass sie Abtreibungen durchführen. Das hatte zur Folge, dass Frauen im Fall der Fälle nicht einfach online nach Ärzten suchen konnten, die für sie infrage kämen. Denn hätte die entsprechende Klinik oder Arztpraxis auf ihrer Homepage geschrieben, dass sie Abtreibungen vornehmen, hätten sie damit eine Straftat begangen. Der simple Satz »Ja, wir führen Schwangerschaftsabbrüche durch« wäre ein Verstoß gegen das Gesetz gewesen, genauer, gegen § 219a. Frauen wurden dadurch gezwungen, eine Praxis nach der nächsten durchzutelefonieren, um immer wieder dieselbe Frage zu stellen: »Ich bin ungewollt schwanger, können Sie mir helfen? … Nein? Okay, danke, dann rufe ich das nächste Dutzend Ärzte an.« Es war nichts als eine weitere Verzögerungstaktik, gemacht von mehrheitlich männlichen Politikern, um Frauen eine Abtreibung so schwierig und unangenehm wie möglich zu machen.

Anfang 2019 gab es dann einen kleinen Durchbruch: Der Paragraf 219a wurde neu gestaltet. Seitdem dürfen Ärzte endlich öffentlich darüber informieren, ob sie Abtreibungen durchführen. Es ist ihnen zwar unerklärlicherweise immer noch nicht erlaubt zu sagen, *wie* genau sie das tun (es gibt mehrere medizinische Vorgehensweisen), aber hey, immerhin! Wenn es um Frauenrechte geht, muss man in Deutschland leider auch heute noch nehmen, was man kriegen kann – und ein halber Schritt nach vorne ist besser als gar keiner. Die Gesetzeslage hat sich jedenfalls wieder ein kleines Stück nach vorne entwickelt und zusätzlich zur Paragrafenänderung sollte es sogar noch eine weitere bedeutende Neuerung geben: Zum ersten Mal in der deutschen Geschichte sollte eine umfassende Liste veröffentlicht werden, auf der alle Einrichtungen des Landes gesammelt werden, die Abtreibungen durchführen. Die Idee war, Frauen einen einfachen und vollständigen Überblick anzubieten, wo sich die nächsten Ärzte befinden, die ihnen helfen können. Es war eine gute Idee.

Bei einer ersten Bestandsaufnahme, ein halbes Jahr nach der Gesetzesänderung, stellte man jedoch verblüfft fest, dass sich auf der Liste gerade einmal 87 Einrichtungen hatten eintragen lassen. Davon allein 82 aus Berlin und Hamburg. Für betroffene Frauen, die nicht zufällig aus einer dieser beiden Städte kamen (oder zumindest aus der Nähe) war die Liste im Grunde wertlos. Dabei gab es doch über 1000 Einrichtungen, die eigentlich für die Liste infrage gekommen wären! Und dann nur 87 von über 1000, wie konnte das sein?

Hier kommen die Abtreibungsgegner ins Spiel. Eine öffentliche, transparente Liste von Ärzten und Kliniken wirkt auf sie geradezu wie eine Einladung zum Angriff. Ein praktisches Adressbuch gewissermaßen, mit dem sie gezielt Hilfe suchende Frauen und medizinisches

Personal attackieren können. Das müssen sich auch viele Ärzte gedacht haben, die bewusst eine Aufnahme in die Liste ablehnten, um sich und ihre Mitarbeiter zu schützen. Ihre Befürchtungen wurden leider bestätigt, als später die *Rheinische Post* darüber berichtete, dass mehrere Einrichtungen auf der Liste »Drohungen und Gewalthandlungen« von Abtreibungsgegnern ausgesetzt waren. Man kann menschlich nachvollziehen, dass man es sich bei solchen Risiken auch als selbstbewusster und gut meinender Arzt zweimal überlegt, ob man seine Tätigkeit öffentlich aufgelistet sehen will oder nicht. Die große Zurückhaltung vieler Ärzte, sich auf die öffentliche Liste eintragen zu lassen, war somit ein riesiger Erfolg für die Abtreibungsgegner und eine Bestätigung für sie, dass Brutalität und Einschüchterung funktionieren.[*]

Wir haben nun zwei Dinge etwas genauer betrachtet: Die Forderungen nach einem »alten« Scheidungsrecht und den Kampf gegen Abtreibungen. Im folgenden Kapitel wird klar werden, warum gerade diese beiden Themen (und ihre Kombination!) bei ultrakonservativen und rechtsextremen Kräften einen außerordentlich hohen Stellenwert genießen.

---

[*] Einen Hoffnungsschimmer gibt es dennoch: Mittlerweile ist die Liste, allen Anfeindungen zum Trotz, deutlich umfangreicher geworden. Mitte 2020 führte sie über 300 Einträge. Einerseits ein Fortschritt, andererseits bedeutet das, dass sich noch immer rund 70 Prozent aller Kliniken und Ärzte gegen eine Nennung auf der Liste entscheiden. Übrigens: Falls sie jemand sucht: Die Liste findet man auf der Internetseite der Bundesärztekammer (bundesaerztekammer.de).

Frauen, die zu Waffen werden

Deutschland wird seit einigen Jahren von einer Idee heimgesucht, die an die dunkelsten Zeiten unserer Geschichte anknüpft. Vermutlich war diese Idee nie wirklich weg. Aber zumindest galt sie eine Zeit lang als unsagbar. Selbst, wenn Leute daran dachten, verzichteten sie in der Regel darauf, es offen auszusprechen. Doch spätestens seit 2010 hat diese Idee wieder Hochkonjunktur: dass sich in Deutschland die »falschen« Menschen fortpflanzen würden.

2010 erschien das Buch *Deutschland schafft sich ab* von Thilo Sarrazin. Darin wird kritisiert, dass die leistungsfähigen, tollen Deutschen einfach zu wenige Kinder machen würden, um die Gefahr einer Überzahl an leistungsschwachen, anstrengenden Ausländern und Muslimen abzuwenden. Deutsche seien halt einfach überlegen, könne man nix machen, Genetik und Kultur und so.

So weit die Kurzfassung. Dieses Buch verkaufte sich in Millionenhöhe und wurde eines der erfolgreichsten »Sachbücher« aller Zeiten in Deutschland. Es brachte auf den Punkt, was viele Deutsche offenbar lange unterdrücken mussten und nun endlich wieder befreit in die Welt hinausschreien konnten: »DEUTSCHE SIND BESSER ALS AUSLÄNDER!!!« Und natürlich waren sie damit keine Nazis oder fremdenfeindlich oder hatten Vorurteile, ach Quatsch, war doch alles rein wissenschaftlich, und das sagten sie ja auch gar nicht selbst, o nein, sie zitierten ja nur den Autoren eines Buches; sie waren also gebildet, sie hatten es aus einem Buch, einem der erfolgreichsten und meistverkauften überhaupt, wofür sollte man sich also schämen!? *Deutschland schafft sich ab* war für dieses Land ein gesellschaftlicher Game Changer. Das Buch machte offenen Rassismus bei uns wieder salonfähig. Dabei spielt es keine Rolle, dass zahlreiche Wissenschaftler die peinlichen Behauptungen Sarrazins später Stück für Stück widerlegten. In den Augen seiner Anhänger änderte das überhaupt nichts. Denn bei Rassismus geht es nie um Fakten und immer um Gefühle. Aber der Geist ist seitdem aus der Flasche: **Der alte Gedanke von einem starken Volk durch die staatliche Lenkung der Geburten ist wieder da.**

Die patriotische Milchmädchenrechnung sieht ungefähr folgendermaßen aus: Ein Land ist umso erfolgreicher, je erfolgreicher die Menschen darin sind. So weit, so gut. Der grundlegende Fehler kommt aber direkt danach: Wenn Statistiken zeigen, dass die *bestbezahlten* Jobs des Landes mehrheitlich von Deutschen (z. B. Manager, Banker, Unternehmer) verrichtet werden und ein großer Teil der *am schlechtesten bezahlten* Jobs von Ausländern (etwa Reinigungskräfte, Erntehelfer oder Gastronomiebeschäftigte*) kommt so mancher Sarrazin-Leser zu einem phänomenal falschen Schluss: dass Deutsche allein durch ihr Deutschsein prinzipiell schlauer, leistungsfähiger und erfolgrei-

---

* 2019 berichtet der MDR, dass mittlerweile 56 Prozent der Beschäftigten in der deutschen Gastronomie keinen deutschen Pass haben – mehr als jeder Zweite! Und nicht vergessen: Das sind nur die Leute ohne deutschen Pass, die deutschen Angestellten mit Migrationshintergrund sind da nicht mit eingerechnet. Auch wenn viele es bis heute nicht wahrhaben wollen: Ohne Ausländer könnten wir in Deutschland in vielen Bereichen das Licht ausmachen.

cher als Ausländer seien. Quasi von Natur aus. Auf die Idee, dass diese Unterschiede irgendetwas mit verschiedenen sozialen Milieus zu tun haben könnten, kommt man erst gar nicht. Viele Einwanderer starten im neuen Land gewissermaßen von Null: Die Sprachbarriere muss überwunden werden, Abschlüsse werden teils nicht anerkannt, und viel zu oft spielt auch heute noch leider pure, platte Fremdenfeindlichkeit eine Rolle im Karriereverlauf.

Das beginnt schon in der Schule. Die Universität Mannheim konnte 2018 belegen, dass Schüler mit türkischem Namen grundsätzlich schlechter bewertet werden als Schüler mit deutschem Namen. Unabhängig von ihrer Leistung, wohlgemerkt! Lehrern wurden dazu Arbeiten vorgelegt, die exakt dieselben Fehler an exakt denselben Stellen hatten. Der einzige Unterschied: Die angeblichen Namen der Schüler; mal »Max«, mal »Murat«. Stand ein türkischer Name auf der Arbeit, gab es aus Prinzip eine schlechtere Bewertung. Das ist nicht fair, das ist Deutschland. Zahllose Untersuchungen zeigen seit Jahren, dass bei uns nur der Name bereits die Erfolgschancen steigen oder sinken lassen kann. Menschen mit ausländischem Namen müssen in Deutschland etwa deutlich mehr Bewerbungen schreiben, bevor sie zu einem Bewerbungsgespräch eingeladen werden als Bewerber mit deutschem Namen – selbst wenn Noten und Anschreiben identisch mit denen der deutschen Bewerber sind. Besonders aufschlussreich ist in dieser Hinsicht ein Vorfall aus dem Januar 2020: Ein Architekturbüro aus Berlin machte Schlagzeilen, weil dessen Chefin die Antwort auf eine Bewerbung nicht an die eigenen Kollegen, sondern aus Versehen direkt an den Bewerber schickte. Dieser

Bewerber hatte einen arabischen Nachnamen und die Ablehnung seiner Anfrage bestand aus nur drei Worten: »Bitte keine Araber«.

Ja, ich weiß, auch Deutsche können es schwer auf dem Arbeitsmarkt haben. Aber zumindest solch eine rassistische, zutiefst ungerechte Behandlung bleibt ihnen definitiv erspart. **Und diese strukturelle Benachteiligung kann sich für Menschen mit Migrationshintergrund durch nahezu alle Aspekte ihrer Karriere ziehen,** von der Jobsuche, über Gehaltsverhandlungen bis hin zu Beförderungen und Arbeitszeugnissen. Aber klar, Deutsche sind halt einfach erfolgreicher von Natur aus, so viel wissen deutsche Patrioten im Geiste Sarrazins!

Diese primitive Annahme macht das Leben natürlich wunderbar einfach. Sobald man nicht mehr komplexe Zusammenhänge berücksichtigen muss, erscheint die vermeintliche Lösung aller Probleme nämlich beneidenswert simpel. Dann geht es eben nicht mehr um die institutionellen Ungerechtigkeiten an zahlreichen Stellen unseres politisch-gesellschaftlichen Systems, sondern nur noch um die gottverdammte Herkunft. Keine Debatte mehr darüber, wie wir ernsthaft und im Detail gemeinsam an unserem Land arbeiten. Sondern eine plumpe Einteilung in »wir« und »die«, in »Deutsche« und »Ausländer«. Und wer so denkt, muss fast schon zwangsläufig zum Schluss kommen: Das Land braucht mehr »echte« Deutsche; die Deutschen müssen wieder mehr Kinder in die Welt setzen und somit den Ausländeranteil in der Bevölkerung wieder nach unten drücken!

An dieser Stelle geraten die Frauen in den Fokus. Denn allen wissenschaftlichen Fortschritten zum Trotz können erzkonservative Männer heutzutage immer noch nicht entspannt in die Ecke ejakulieren und da wachsen dann hundert stramme Deutsche aus dem Boden. Man(n) braucht nach wie vor Frauen, um Nachwuchs zu zeugen. Ja, verflixt noch mal, blöde Sache. Umständlich! Was tut man also als selbsterklärter Retter des Abendlandes? Richtig, man versucht, die deutschen Frauen auf Kurs zu bekommen – ob sie wollen oder nicht.

Auch hier mischt die AfD wieder ganz vorne mit. In ihrem Grundsatzprogramm legt sich die Partei unmissverständlich fest:»Die multikulturelle Gesellschaft ist gescheitert.« Das steht da wirklich. Mehr als jeder vierte Einwohner Deutschlands hat einen Migrationshintergrund, gleichzeitig ist das Land eine der reichsten, freiesten und sichersten Nationen auf dem Planeten. Wenn so »gescheitert« aussieht, will ich nicht wissen, was die AfD unter »erfolgreich« versteht. Die Partei wähnt unsere Gesellschaft jedenfalls am Ende und warnt in ihrem Grundsatzprogramm, wenn *noch* mehr Ausländer kommen, dann »erodieren der soziale Zusammenhalt, das gegenseitige Vertrauen und die öffentliche Sicherheit«. Besonders gefährlich:»dass die Geburtenrate unter Migranten mit mehr als 1,8 Kindern deutlich höher liegt als unter deutschstämmigen Frauen«.* Da müssen jetzt natürlich sofort alle Alarmglocken schrillen. Ist man denn heutzutage schon ein Nazi, nur weil man der Meinung ist, dass sich die falschen Menschen fortpflanzen? Doch keine Angst, verehrte Wähler! Ähnlich wie Dauerwerbesendungen im TV prä-

---

* Zum Vergleich: Die Geburtenrate deutscher Frauen ohne Migrationshintergrund liegt schätzungsweise zwischen 1,4 und 1,5 Kindern pro Frau.

sentiert die AfD nicht nur das nervige Problem, sondern schüttelt dankenswerterweise auch gleich die passende Antwort aus dem Ärmel. Die »einzig tragfähige Lösung« sei »eine höhere Geburtenrate der einheimischen Bevölkerung«. Betonung auf »einheimisch«. Kinder von Nicht-Deutschen sind weniger erwünscht. Nun ist die Forderung, dass ein Land mehr Kinder brauche, natürlich an sich nichts Neues. Wenn es keinen Nachwuchs gibt, wer soll dann später den Omis und Opis ihre Rente zahlen? Selbstverständlich braucht es neue Generationen, die den Laden bzw. das Land auch in Zukunft am Laufen halten. Die AfD macht das gesellschaftliche Thema »jung und alt« jedoch bewusst zu einem Konflikt »einheimisch und ausländisch«. Und in diesem Kampf ist eine Waffe entscheidend: gebärfähige Frauen. Im »Geburten-Dschihad« (Formulierung von Björn Höcke; so gesagt während einer Kundgebung in Erfurt 2018) verlieren Frauen ihre individuelle Identität und werden stattdessen auf eine Funktion als Kinderschleuder reduziert. Hauptsache deutsche Kinder, Hauptsache eine Geburtenrate »deutschstämmiger« Frauen, die höher ist als die von Migranten. Alles andere erscheint zweitrangig. **Kinder sind nicht mehr als Krönung der Liebe zweier Menschen zu verstehen, sondern als trockene Kalkulationsgröße von Bevölkerungsanteilen.** Frauen als Waffen, Kinder als Munition, im von der AfD beschworenen Verdrängungskampf von Deutschen gegen Ausländer.[*]

---

[*] Diesen Kampf sehen nicht nur AfD-Politiker. Für viele Rechtsextremisten ist die relativ niedrige Geburtenrate deutscher Frauen ein fundamentales Problem. Einer davon ist kein Geringerer als Stephan Bal-

Mit so etwas kann man mittlerweile in Deutschland wieder Wahlkampf machen. Zur Bundestagswahl 2017 ließ die AfD Plakate anbringen, auf denen eine weiße, schwangere Frau lachend ihren stattlichen Babybauch präsentierte. Der Text dazu: »Neue Deutsche? Machen wir selber!« Auch hier wieder das gleiche konfrontative Muster »wir gegen die«; Kinder sollen nicht von Ausländern kommen, sondern die machen »wir selber«. Wichtiger Unterschied für die AfD. Und während die Partei von deutschen Kindern offenbar gar nicht genug bekommen kann, wird der Nachwuchs anderer Nationalitäten auffällig anders behandelt: Ebenfalls 2017 erkundigte sich etwa ein AfD-Politiker im sächsischen Landtag über die »Kosten für ›Hilfe bei Sterilisation‹ für unbegleitete minderjährige Ausländer« und in Niedersachsen forderte ein AfD-Abgeordneter, dass es für Asylbewerber eine Pflichtberatung zu »Verhütung und Familienplanung« geben müsse. Ich fasse das mal zusammen: Einerseits strahlende weiße Frauen mit Babybäuchen auf den Wahlplakaten, andererseits Diskussionen über Verhütung und Sterilisationen bei Ausländern. Nein, also warum die AfD ständig in die rechte Ecke gestellt wird, das können ihre Mitglieder nun wirklich nicht nachvollziehen!

Der »Geburten-Dschihad«, oder besser gesagt, die gezielte Erhöhung der Geburten »deutschstämmiger«

---

liet, der Attentäter von Halle. Er ermordete 2019 zwei Menschen und versuchte eine Synagoge zu stürmen, um Juden umzubringen. In seinem Bekennervideo fantasierte er, dass der Feminismus angeblich nur eine Erfindung sei, um in westlichen Ländern die Geburtenzahlen zu senken. Frauenrechte würden seiner Meinung nach letztlich nur dazu führen, dass überlegene Völker zerstört werden, indem es zum Beispiel immer weniger weiße Deutsche gibt.

Frauen, ist für die AfD eine Top-Priorität. Sie ist fest im Grundsatzprogramm der Partei verankert und ihre Mitglieder lassen keinen Zweifel daran, dass sie es ernst meinen: In Sachsen forderte Anfang 2020 zum Beispiel der stellvertretende AfD-Fraktionsvorsitzende Rolf Weigand offiziell die Landesregierung dazu auf, ihm mitzuteilen, wie viele gebärfähige Frauen es im Bundesland gebe. Er verlangte zusätzlich, dass auch jeweils die Nationalität der Frauen genannt werde. Wichtig! Was er sich erhoffte: eine genaue Übersicht, wie viele Deutsche und wie viele Ausländer in Sachsen theoretisch Kinder bekommen können. **Da wir in Deutschland (noch) in einer Demokratie leben, gibt es bislang glücklicherweise keine Pflicht für Frauen, ihre Fruchtbarkeit der Regierung zu melden.** Auch unsere Ärzte unterliegen weiterhin der Schweigepflicht und erfassen keine zentrale Liste für den Staat, auf der man sämtliche gebärfähigen oder unfruchtbaren Frauen auflisten würde. Allein die Vorstellung, dass eine Regierung solch eine Auflistung anlegen würde, zeugt von besorgniserregender Orientierungslosigkeit in Sachen Frauen- und Bürgerrechte. Natürlich konnte dem neugierigen Herrn Weigand kein entsprechendes Fruchtbarkeitsregister nach seinen Vorstellungen vorgelegt werden. Es existiert einfach nicht. Doch eines sollte seine Anfrage jedem sichtbar machen: In der AfD gibt es anscheinend das Bedürfnis nach einer derartigen Liste. Und zwar nicht an irgendwelchen unwichtigen Stammtischen oder in obskuren Facebook-Gruppen, sondern (ganz offiziell; per Anfrage an die amtierende Landesregierung) auf hohen Führungsebenen der Partei.

Höhere Geburtenraten deutscher Frauen als »einzig tragfähige Lösung« zum Schutz vor dem angeblich zerstörerischen Einfluss von Ausländern: Vor diesem Hintergrund erscheinen auch die AfD-Forderungen nach einem härteren Scheidungsrecht sowie die ablehnende Haltung der Partei zu Abtreibungen in einem anderen Licht. Beide Themen drehen sich im Kern um die Frage, wie selbstbestimmt Frauen in unserer Gesellschaft handeln können. Dürfen Frauen selbst über ihren eigenen Körper entscheiden oder müssen sie gegen ihren Willen Kinder austragen, einfach, weil Politiker das so für sie anordnen? Sollen Frauen jederzeit sicher aus einer gescheiterten Ehe ausbrechen können, oder müssen sie sich im Zweifel aus Angst vor einer staatlichen Bestrafung dem Mann unterordnen? Und könnte das Interesse einiger Politiker an solchen Regeln vielleicht damit zusammenhängen, dass man Frauen dadurch so viele Kinder wie möglich aus dem Uterus leiern will? Warum sonst sollte man unglücklichen Frauen – sei es durch eine falsche Beziehung oder eine ungewollte Schwangerschaft – bewusst Steine in den Weg legen und sie daran hindern, ihre Situation zu verbessern? Der Verdacht liegt nahe, dass durch solch restriktive Maßnahmen längere Ehen und in der Folge potenziell mehr Geburten erreicht werden sollen. Notfalls auch gegen den Willen der Frauen.

Das sind keine Ideen, um Menschen glücklich zu machen. Sie orientieren sich nicht an Mitgefühl, Sicherheit oder Freiheit. Sie wirken vielmehr wie verzweifelte Versuche, mit allen Mitteln die Wahrscheinlichkeit zu erhöhen, dass Frauen dem Staat neue Kinder gebären.

Und zwar nicht aus Liebe zu Kindern, sondern aus Angst vor Fremden. Die Rechte von Frauen richten sich in diesem Weltbild nicht mehr nach der Vorstellung, dass sie vollwertige, gleichberechtigte Mitglieder unserer Gesellschaft sind. Stattdessen wird Politik für Frauen wieder vermehrt um ihre soziale Rolle als Mutter und biologische Funktion als Gebärmaschinen gegen Überfremdung herum gestrickt. Wir waren mal weiter.

Wir erleben Tabubrüche und Rückschritte, die in unserem Land noch vor wenigen Jahren kaum denkbar schienen. Doch damit nicht genug: Für Frauen wird es gleichzeitig schwerer, politisch gegen diese antifeministischen Kräfte anzukämpfen. Denn fast überall im Land verschwinden sie in den vergangenen Jahren wieder aus den Parlamenten.

Frauen, die verschwinden

In Deutschland herrscht der Glaube, dass wir besonders modern seien. Vor allem was die Rolle der Frau angeht. Was gibt es denn bei uns noch zu verbessern? Was könnte man überhaupt noch erreichen? Allein Angela Merkel! Die Tatsache, dass unser Land ganze 16 Jahre lang von einer Bundeskanzler*in* regiert wurde, reicht vielen als Beweis dafür, dass wir bei Frauenrechten und Chancengleichheit schon längst am Ziel sind. Weitere weibliche Führungsfiguren in Spitzenpositionen, wie etwa Ursula von der Leyen (2019 als erste Frau zur EU-Kommissionspräsidentin gewählt) oder Annegret Kramp-Karrenbauer (2018 zur CDU-Parteichefin gewählt) werden gern als zusätzliche Belege angeführt, dass deutschen Frauen heute keine Grenzen mehr gesetzt sind.

Die Karrieren dieser Frauen sind fraglos beeindruckend. Und ihre persönlichen Erfolge besitzen eine hohe symbolische Strahlkraft. Doch auch sie können nicht über eine schlichte Tatsache hinwegtäuschen: **Der direkte Einfluss von Frauen auf Politik und Wirtschaft wächst heute nicht mehr – und an zentralen Stellen nimmt er sogar wieder ab.**

Im Berufsleben wird dabei oft über den sogenannten *Gender Pay Gap* gesprochen. Mit diesem Begriff wird die unterschiedliche Bezahlung von Männern und Frauen beschrieben. Bis heute ist es leider gute deutsche Tradition, dass Frauen grundsätzlich schlechter bezahlt werden als Männer. Und obwohl dieses Problem kein exklusiv deutsches Phänomen ist – und überall auf der Welt beobachtet werden kann –, hat es hierzulande doch eine besonders auffällige Ausprägung.

Laut dem Statistischen Bundesamt verdienen Frauen in Deutschland durchschnittlich 20 Prozent weniger als Männer. Das ist schon mal 'ne Ansage. Noch deutlicher wird das Ausmaß jedoch, wenn man es in einen internationalen Kontext setzt. Der *Gender Pay Gap* wird schließlich nicht nur bei uns, sondern auch im Rest von Europa erfasst. Als man die eigenen Werte 2019 mit den Datenbanken der Kollegen vom Statistischen Amt der Europäischen Union (Eurostat) abglich, konnte man glatt im Erdboden versinken: **Von den 28 EU-Mitgliedsstaaten liegt Deutschland bei der gerechten Bezahlung von Frauen**

auf Platz 27. [*] Eine astreine Silbermedaille von ganz, ganz hinten, Applaus!

Einzig das kleine Estland schneidet beim *Gender Pay Gap*-Vergleich noch schlechter ab als wir. Nun finde ich Estland insgesamt sehr sympathisch und landschaftlich wunderschön – aber als größte Wirtschaftsmacht des Kontinents sollten wir uns vielleicht nicht unbedingt mit einem Staat messen, der weniger Einwohner hat als die Stadt München. Ein paar Dutzend Kilometer Luftlinie weiter südlich von der bayerischen Landeshauptstadt sieht es übrigens schon wieder ganz anders aus: In Italien, der drittgrößten Volkswirtschaft der EU, beträgt der *Gender Pay Gap* laut Eurostat lediglich 5 Prozent.

Nun höre ich die Männerrechtler und Gleichberechtigungskritiker aber schon aufschreien: »Zwanzig Prozent, schmanzig Prozent! Das ist doch nur der *unbereinigte Gender Pay Gap*! Der sagt doch gar nix aus!« Dazu muss man wissen, dass es tatsächlich zwei Arten der Erfassung gibt. Der erwähnte unbereinigte *Gender Pay Gap* (also die 20 Prozent, die Frauen weniger verdienen) hält relativ nüchtern fest, wie groß der Unterschied insgesamt ist: Es wird schlicht verglichen, wie hoch der durchschnittliche Lohn einer Frau im Vergleich zum Lohn eines Mannes ist. Dabei geht der Wert jedoch nicht auf die *Gründe* für die niedrigere Bezahlung ein: zum Beispiel, dass Frauen durch Schwangerschaften und Kinderbetreuung mehr Verdienstausfälle haben, seltener befördert werden, häufig in schlechter bezahlten Branchen und Berufen arbei-

---

[*] Die EU hat eigentlich nur 27 Mitgliedsstaaten, völlig richtig. Zum damaligen Zeitpunkt war Großbritannien allerdings noch nicht ausgetreten; der Brexit erfolgte erst Anfang 2020.

ten oder oft nur in Teilzeit beschäftigt werden. Deswegen aber sagt der unbereinigte *Gender Pay Gap* noch lange nicht »nix« aus, sondern eine ganze Menge darüber, wie unterschiedlich der Arbeitsmarkt und die Karrierechancen für Frauen bei uns sind. Beruflich müssen sie sich regelrecht in einer Parallelwelt bewegen!

Der *bereinigte Gender Pay Gap* hingegen zeigt diese großen Strukturen nicht. Dafür ist er wesentlich genauer: Mit ihm wird berechnet, wie unterschiedlich die Bezahlung zwischen Männern und Frauen ist, wenn sie im gleichen Beruf arbeiten, vergleichbare Tätigkeiten ausführen und einen ähnlichen Abschluss haben. In diesem Fall werden Frauen »nur« noch sechs Prozent schlechter bezahlt. Klar, das sieht zwar schon deutlich besser aus, aber eben auch nur, wenn man von den unerhört hohen 20 Prozent ausgeht, die man vom unbereinigten Wert gewöhnt ist. Außerdem darf man die Wirkung über die Zeit nicht vernachlässigen: Sechs Prozent geringeres Gehalt klingen für manchen vielleicht nicht sonderlich wild. Mit einem monatlichen Lohn von 3000 Euro bei 35 Jahren Arbeit summieren sich diese sechs Prozent jedoch auf mehr als 75 000 Euro, die eine Frau im Berufsleben weniger als ein Mann verdient – nur, weil sie eine Frau ist!

Aber verlieren wir uns mal nicht in Durchschnittswerten, sondern richten den Blick ganz nach oben: zu den Powerfrauen an der Spitze von Deutschlands erfolgreichsten Unternehmen! Im Deutscher Aktienindex (DAX) kann man die 30 größten Firmen unseres Landes finden. Darunter sind Weltmarken wie *BMW*, *Siemens* oder *Volkswagen*. Wie sieht es denn in der Elite der deutschen Wirtschaft für Frauen aus?

Die gute Nachricht zuerst: Im September 2019 konnte die *AllBright*-Stiftung einen historischen Erfolg verkünden.[*] Der Frauenanteil bei den Vorstandsposten hatte einen nie dagewesenen Rekord erreicht! Denn erstmals gab es in Deutschlands größten Unternehmen mehr Frauen in Führungspositionen als Männer, die mit Vornamen »Thomas« oder »Michael« hießen! Grandios, Deutschland! Glückwunsch zu dieser Leistung! Irgendwo muss man anfangen!

Tatsächlich ist es auch heute noch, in unserer ach so modernen Zeit, nach wie vor völlig selbstverständlich, dass fast 90 Prozent aller Vorstandsmitglieder Männer sind. Ein mehrheitlich exklusiver Pimmel-Club besetzt seit Generationen die lukrativsten Posten der deutschen Wirtschaft. Und wenn sich doch mal eine Frau auf solch eine Position hocharbeitet, kann sie dort mit denselben Ungerechtigkeiten rechnen, die ihr schon von den unteren Rängen bekannt sein dürften: Einer Auswertung der Personalberatung *Odgers Berndtson* zufolge verdienen Frauen im Vorstand eines DAX-Konzerns im Schnitt eine Million Euro weniger als die Männer auf dieser beruflichen Ebene. Und laut einer weiteren Analyse (von *Russell Reynolds Associates*, ebenfalls Personalberatung) bleiben sie dort auch deutlich kürzer: Während sich männliche Vorstände durchschnittlich sieben Jahre auf ihrer Position behaupten, ist für Frauen bereits nach weniger als sechs Jahren Schluss. Hinzu kommt, dass sich der geringe Frauenanteil in den DAX-Vorständen nicht

---

[*] Diese deutsch-schwedische Organisation engagiert sich für die Gleichstellung der Geschlechter und setzt sich für mehr Frauen in Führungspositionen ein.

mal mehr erhöht. Unter Androhung der Politik (Stichwort »Frauenquote«) hatten die Konzerne vor einiger Zeit noch kurzfristig mehr Frauen auf wichtige Führungspositionen gehoben. Damit wollten sie scheinbar verhindern, dass neue Regeln eingeführt werden, die eine stärkere Beförderung von Frauen zur Pflicht gemacht hätten. Seitdem der politische Druck nachgelassen hat, bewegt sich aber seit Jahren effektiv kaum noch etwas in diesem Bereich.

Aber zurück zu den »Normalbürgern«: Die Forderung nach mehr Frauen in Führungspositionen beschränkt sich nämlich nicht nur auf Deutschlands Riesenkonzerne. Überall sollen Frauen eigentlich gefördert werden und auch in kleinen und mittleren Unternehmen öfter die Geschäfte leiten. Zumindest kann man das regelmäßig aus der Politik vernehmen. Doch auch hier hakt es gewaltig. Allen großen Ankündigungen zum Trotz gibt es kaum Fortschritte. Im November 2019 berichtet die *Frankfurter Allgemeine Zeitung*, dass das Projekt Mehr-Frauen-Als-Chef mittlerweile quasi völlig zum Stillstand gekommen ist: **Seit 2016 hat sich der Frauenanteil auf den Führungsebenen der deutschen Privatwirtschaft nicht verändert.** Die Entwicklung ist buchstäblich zum Erliegen gekommen.[*] Die Zeitung bringt die Nachricht folgendermaßen auf den Punkt: »Bislang ging es im Schneckentempo voran. Aber selbst mit den kleinen Fortschritten scheint es nun vorbei zu sein.«

---

[*] Die *FAZ* stützt sich dabei auf Erhebungen des Nürnberger Instituts für Arbeitsmarkt- und Berufsforschung. In einer repräsentativen Befragung hatte es den entsprechenden Frauenanteil von 16 000 Unternehmen in Deutschland ermittelt. Auf der obersten Leitungsebene stellen Frauen nur etwa 26 Prozent aller Führungskräfte.

So weit, so entmutigend. Einen Joker hat die Politik aber noch: Die schlechten Zahlen aus der Privatwirtschaft kann man immerhin auf die Firmen selbst schieben. Ist halt deren freie, unternehmerische Entscheidung, dass sie keine Frau auf dem Chefsessel haben wollen. Nicht unsere Schuld! Die spannende Frage lautet nun also: Wie sieht es bei Unternehmen aus, die vom Staat selbst geführt werden?

Städte und Gemeinden sind bei uns wichtige Arbeitgeber. Sie beschäftigen Hunderttausende Menschen, etwa in Krankenhäusern, Stadtwerken, Nahverkehrsunternehmen oder bei der Müllabfuhr. Und bevor ich euch weiter auf die Folter spanne: Natürlich sieht ausgerechnet bei den staatlichen Unternehmen, wo die Politik den größten Einfluss nehmen könnte, die Lage besonders trist aus. In den Führungspositionen der kommunalen Unternehmen liegt der durchschnittliche Frauenanteil in ganz Deutschland bei knapp 20 Prozent. Das bedeutet: Nur jeder fünfte leitende Posten wird von einer Frau übernommen. Das ist noch mal eine Stufe unter den eh schon miserablen Werten der privaten Unternehmen.

Ob staatlich oder privat: Frauen sind in hohen beruflichen Positionen bis heute eine statistische Seltenheit. Diese frustrierende Tatsache zementiert die Ungerechtigkeit beim Einkommen – denn wer auf niedrigeren Ebenen arbeitet, verdient natürlich auch weniger.

Jetzt kann man sich entweder ewig über Missstände aufregen oder die Ärmel hochkrempeln und aktiv werden. Glücklicherweise haben viele Frauen in unserem Land genau das getan und sind in die Politik gegangen. Warum ist das wichtig? Nun, je mehr Frauen politisch aktiv sind, desto größer ist die Chance, dass ihre Interessen und Probleme auch berücksichtigt werden.

Erlauben wir uns ein Gedankenspiel: Stellen wir uns kurz vor, Tiere könnten sprechen. Stellen wir uns weiter vor, diese sprechenden Tiere würden ein Parlament gründen. Quasi einen Bundestag für Tiere, um dort gemeinsam zu entscheiden, was für Tiere total wichtig ist und dringend mal erledigt werden müsste. Würde man dieses Tierparlament nun zu 80 Prozent mit Hunden befüllen und zu 20 Prozent mit Katzen, würde man sich wohl nicht wundern, dass zwar enorm viel für neue Tennisbälle oder leckere Kauknochen getan wird, aber auffällig wenig für die Beschaffung von frischem Katzenstreu oder für die Erneuerung von gebrauchten Kratzbäumen. Das macht die Hunde in der parlamentarischen Überzahl nicht zu bösen Tieren, aber es zeigt, dass jeder die Welt vor allem aus seiner eigenen Perspektive wahrnimmt.

Die Politik braucht Frauen, um weibliche Sichtweisen und Interessen in unseren Parlamenten zu vertreten. Davon gibt es bei uns zwei unterschiedliche Arten: zum einen den Bundestag in Berlin, wo Dinge besprochen und Gesetze beschlossen werden, die das gesamte Land betreffen. Und zum anderen die 16 Länderparlamente, also eins für jedes Bundesland. Ein Landesparlament für Nordrhein-Westfalen, eines für Bayern, eines für Niedersachsen und so weiter. In diesen Landesparlamenten passiert im Grunde dasselbe wie im »großen« Bundestag – nur eben, dass es in einem Landesparlament speziell um Dinge geht, die das entsprechende Bundesland betreffen. Einfach gesagt: Bundestag regelt für ganz Deutschland, Landesparlament regelt für das Bundesland.

Diese beiden Arten von Parlamenten gehören zu den wichtigsten und mächtigsten Schaltstellen unserer Demokratie. Hier entscheidet sich, wie es mit uns allen weitergeht. An diesen Orten werden Gesetze gemacht und können gesellschaftliche Spielregeln geändert werden. Und sowohl im Bundestag als auch in den Länderparlamenten gibt es immer weniger Frauen.

In einer fairen Welt müsste das Verhältnis von männlichen und weiblichen Politkern ausgeglichen sein. Also keine reine Männershow, sondern genauso so viele Frauen in den Parlamenten wie Männer.* Und wenn schon nicht exakt die gleiche Anzahl, dann zumindest grob 50:50. Pi mal Daumen, wie es so schön heißt.

Selbst davon sind wir weit entfernt.

Nachdem es eine Zeit lang immer mehr Frauen bei uns in hohe politische Ämter schafften, hat sich der Trend in den vergangenen Jahren umgekehrt. **Mit 31,2 Prozent ist der Anteil der Frauen im Bundestag heute wieder so niedrig wie zuletzt vor zwanzig Jahren.**** Ob man angesichts dieser Bilanz mit der politischen Vertretung von Frauen in Deutschland zufrieden sein kann, bleibt jedem selbst überlassen. Was mich persönlich angeht: Gäbe es Zeitmaschinen, würde ich nicht derjenige sein wollen, der zurück in die 90er-Jahre reisen muss, um den

---

* Das würde übrigens auch viel stärker ihrem tatsächlichen Bevölkerungsanteil entsprechen: Im Sommer 2020 gab das Statistische Bundesamt bekannt, dass in Deutschland 42,1 Millionen Frauen und 41 Millionen Männer leben. Somit gibt es bei uns über eine Million mehr Frauen als Männer; insgesamt sind 50,6 Prozent der Bevölkerung weiblich. Sollte da nicht auch ihr Anteil in den Parlamenten ähnlich hoch sein?

** Dieser und die folgenden Werte auf dieser Seite beziehen sich auf die Wahlperiode des Deutschen Bundestages von 2017 bis 2021.

hoffnungsvollen Frauenrechtlern von damals mitzuteilen, dass sich ihre Repräsentation im Bundestag gut zwei Jahrzehnte in der Zukunft kein Stück verbessert haben wird. Ich würde mich zu sehr schämen und nicht wissen, wie ich das erklären sollte.

Ausgerechnet die CDU, die mit Merkel die erfolgreichste deutsche Politikerin aller Zeiten vorweisen kann, hat abseits des Kanzleramtes massive Defizite bei ihrem Frauenanteil. Das Männer-Frauen-Verhältnis im gesamten Bundestag von etwa 70:30 ist schon nichts, worauf man stolz sein sollte. Aber allein unter den Unions-Politikern von CDU und CSU herrscht ein irrwitziges Männer-Frauen-Verhältnis von 80:20! Die Krone aufgesetzt wird dem Ganzen nur noch von der AfD, bei der die Verteilung von Männern und Frauen rund 90:10 beträgt. Welche Gesellschaft soll das abbilden?

Jahrzehntelang stieg der Anteil der Frauen im Bundestag nahezu konstant, von etwa 5 Prozent in den 70er-Jahren bis auf den bisherigen Höchststand von 36,3 Prozent im Jahr 2013. Das ist immer noch weit von eigentlich fairen 50 Prozent entfernt, aber nichtsdestotrotz ein Rekord für deutsche Verhältnisse. Dass dieser Wert heute allerdings nicht mehr steigt, sondern im Gegenteil sogar wieder fällt, ist ein mehr als bitteres Ergebnis.

So modern sich die Deutschen selbst gern sehen, so niederschmetternd ist oftmals der Vergleich mit anderen Ländern. Im vorliegenden Fall ist für solch einen Vergleich etwa die sogenannte Interparlamentarische Union (IPU) wichtig. Diese internationale Organisation untersucht unter anderem, wie sich die Repräsentation von Frauen in der Politik auf der ganzen Welt entwickelt.

Im Frühjahr 2020 konnte die IPU erfreuliche Nachrichten mitteilen: In den vergangenen 25 Jahren hat sich der Frauenanteil in Parlamenten weltweit verdoppelt! Ja nice, super Sache! Für Deutschland allerdings war das Ergebnis alles andere als schmeichelhaft: Nicht nur, dass der Frauenanteil bei uns in den vergangenen Jahren fällt statt steigt – mit einem Frauenanteil in unserem Bundestag von nur rund 30 Prozent kamen wir im direkten Vergleich mit anderen Ländern nur ganz knapp überhaupt in die weltweiten Top 50! Im bedeutenden IPU-Ranking konnte Deutschland tatsächlich nur einen peinlichen Platz 48 belegen. Damit bewegt sich unser Land in Sachen Frauen-Repräsentation immerhin ein paar Prozentpunkte vor Afghanistan oder dem Irak (beide rund 27 Prozent Frauenanteil), ist aber meilenweit entfernt von unseren europäischen Nachbarn wie etwa Spanien (44 Prozent) Finnland (46 Prozent) oder Schweden (47 Prozent).

In den bereits erwähnten Länderparlamenten sieht es vielerorts noch schlimmer aus. Der Frauenanteil ist dort in 8 von 16 deutschen Bundesländern – also in jedem zweiten! – *noch* geringer als im ohnehin schon ungerecht besetzten Bundestag. Und auch hier geht der Trend fast überall in eine klare Richtung: weniger Frauen. In den letzten zwei Jahrzehnten hat sich von vielen nahezu unbemerkt Folgendes abgespielt: In 12 von 16 Bundesländern hat sich die Zahl der Frauen in den Parlamenten verringert. In Niedersachsen sank der Frauenanteil um 17 Prozent, in Brandenburg um 22 Prozent, in Mecklenburg-Vorpommern ging es um 25 Prozent zurück und in Sachsen-Anhalt sogar um ganze 30 Prozent.* Frauen verschwinden zunehmend aus dem politischen Prozess, ihr Anteil wird fast überall im Land kleiner.

Die Fragen müssen gestellt werden: Ist das wirklich die Richtung, in die wir gehen wollen? Sieht so wirklich Zukunft aus? Und vor allem: Was für eine Politik müssen wir erwarten, wenn wieder mehr und mehr Frauen aus den Parlamenten verschwinden – und stattdessen Männer über sie entscheiden?

---

* Wichtig dabei: Es handelt sich um die prozentuale Veränderung und (zum Glück!) nicht um Prozentpunkte. Klingt im ersten Moment ähnlich, sind aber zwei verschiedene Paar Schuhe. Die entsprechende Tabelle dazu findet sich gleich auf der nächsten Seite. Sie zeigt, wie sich die Repräsentation von Frauen in den Landesparlamenten seit der Jahrtausendwende verändert hat. Da die Bundesländer unterschiedliche Wahltermine haben, schwanken naturgemäß die Jahreszahlen bei den »Startwerten«; sie bewegen sich jedoch alle um das Jahr 2000, um einen groben 20-Jahres-Vergleich sichtbar zu machen.

Rückgang des Frauenanteils in deutschen Parlamenten

Bundesland	Frauenanteil früher	Frauenanteil heute	Veränderung prozentual
Baden-Württemberg	21,9 % (2001)	26,6 % (2020)	+21 %
Bayern	29,4 % (2003)	27,3 % (2020)	-7,1 %
Berlin	33,3 % (2001)	33,1 % (2020)	-0,6 %
Brandenburg	40,9 % (2004)	31,8 % (2020)	-22,2 %
Bremen	42,2 % (2003)	36,9 % (2020)	-12,5 %
Hamburg	29,8 % (2001)	43,9 % (2020)	+47,3 %
Hessen	32,7 % (2003)	34,3 % (2020)	+4,8 %
Mecklenburg-Vorpommern	31,9 % (2002)	23,9 % (2020)	-25 %
Niedersachsen	34,4 % (2003)	28,5 % (2020)	-17,1 %
Nordrhein-Westfalen	31,2 % (2000)	27,6 % (2020)	-11,5 %
Rheinland-Pfalz	28,7 % (2001)	32,7 % (2020)	+13,9 %
Saarland	37,2 % (1999)	33,3 % (2020)	-10,4 %
Sachsen	28,2 % (2004)	27,7 % (2020)	-1,7 %
Sachsen-Anhalt	31,3 % (2002)	21,8 % (2020)	-30,3 %
Schleswig-Holstein	37,1 % (2000)	31,5 % (2020)	-15 %
Thüringen	34,1 % (2004)	31,0 % (2020)	-9 %

Quelle: Landeszentrale für politische Bildung Baden-Württemberg und *Spiegel Online*-Auswertung vom 5. Mai 2019

4 ZU DUMM FÜR FREIHEIT

»Falls sich meine Worte eines Tages
gegen die Wissenschaft richten,
wählt die Wissenschaft.«

Mustafa Kemal Atatürk

Keine Konzentration mehr

Falls ihr oft und gerne Filme schaut, ist euch möglicherweise schon mal etwas aufgefallen. Vielleicht auch nur unbewusst. Im Vergleich zu modernen Hollywood-Produktionen von heute wirken ältere Filme oft ein wenig ... träge. Also nicht zwingend schlechter oder besser, aber insgesamt einfach etwas langsamer. Weniger hektisch. Entspannter. Schon Filme aus den 80er- oder 90er-Jahren haben häufig ein ganz anderes Tempo, als man es von aktuellen Blockbustern gewohnt ist.

Es gibt in der Filmbranche eine eigene Maßeinheit, mit der sich dieses Phänomen sehr genau beschreiben lässt: Die *Average Shot Length* (ASL), auf Deutsch etwa »durchschnittliche Einstellungslänge«. Mit ihr wird gemessen, wie lange eine Filmeinstellung verwendet wird. Also zum Beispiel: Wenn ein Haus von ganz weit weg gefilmt wird – wie lange dauert es, bis der Film die Einstellung wechselt und den Schauspieler zeigt, der in diesem Haus sitzt? Und wie lange dauert es dann wiederum, bis abermals das Bild wechselt und man den noch rauchenden Revolver in seiner blutverschmierten Hand erkennt? Und wie lange, bis die Kameraeinstellung nun zurück zum tränenüberströmten Gesicht des Schauspielers wechselt? Und so weiter und so fort. Mit der ASL misst man, wie lange jede einzelne Einstellung im Bild zu sehen ist und errechnet anschließend einen Durchschnittswert für den gesamten Film. Grob zusammengefasst: ASL zeigt, wie oft geschnitten wird bzw. wie häufig sich das Bild im Film ändert.

Auf diese Weise kann man etwa feststellen, dass bekannte Erfolgsfilme wie *The Shining* (1980) eine Einstellung rund 13 Sekunden lang zeigen oder *Forrest Gump* (1994) ungefähr 9 Sekunden lang. Tatsächlich kann man noch einen Schritt weiter gehen und nicht nur einzelne Filme messen, sondern die wichtigsten und erfolgreichsten der vergangenen Jahrzehnte. Auf diese Weise wird eine Entwicklung sichtbar und es lässt sich am Ende eine simple, aber spannende Frage beantworten: Wie lang waren die einzelnen Filmeinstellungen *früher* und wie lang sind sie *heute*?

Wenn man das tut, erhält man eine Linie, die sich konstant nach unten bewegt: **Die durchschnittliche Einstellungslänge in Filmen hat sich um rund 80 Prozent verkürzt – von ca. 12 Sekunden in den 1930er-Jahren auf nur noch 2,5 Sekunden heute.** [*] Wenn wir einen neuen Film sehen, wird uns ein Bild im Schnitt nicht mal mehr drei Sekunden lang angezeigt.

Es ist hierbei wichtig zu betonen, dass das nur der Durchschnittswert ist. Viele Filme liegen noch darunter!

_____

[*] Diese Angabe stammt von Prof. James E. Cutting von der Cornell University (eine der nur acht weltberühmten »Ivy League«-Universitäten). An dessen psychologischer Fakultät erforscht Cutting in aufwendigen Untersuchungen unter anderem die Entwicklung von Filmen und die Folgen für die Zuschauer.

Filme wie *James Bond 007: Ein Quantum Trost* (1,8 Sekunden bis das Bild wechselt) oder *Resident Evil: Apocalypse* (1,7 Sekunden bis zum nächsten Schnitt) fliegen regelrecht an unseren Gehirnen vorbei.

Wie so oft führt eine Frage direkt zu vielen anderen. In diesem speziellen Fall dürfte die Frage »Wie oft wird in Filmen geschnitten?« unweigerlich zu den wichtigen Anschlussfragen führen: »Wen interessiert das?«, »Warum zur Hölle sollte man das nachzählen?«, »Welche Rolle spielt das überhaupt?«.

Nun, dass Filme immer wilder zusammengeschnitten werden, demonstriert vor allem eines: die sinkende Aufmerksamkeitsspanne von uns Zuschauern. Es ist kein Zufall, dass im Milliardengeschäft Hollywood immer kürzere Einstellungen gewählt werden. Etliche Marktforscher und Psychologieexperten testen im Auftrag der großen Filmstudios, was bei der breiten Masse ankommt und was nicht. Die Leute sollen sich schließlich nicht langweilen und anderen Freizeitbeschäftigungen zuwenden. Sie sollen weiterhin die Kinos stürmen und die Filme am besten gleich mehrfach schauen! Wie sich jedoch herausstellt, ist es gar nicht mehr so einfach, das heutige Publikum bei der Stange zu halten. Wer es gewohnt ist, dass sich bei der alltäglichen Nutzung seines Smartphones quasi durchgehend der angezeigte Inhalt ändert (nächstes Instagram-Bild, neue Chat-Nachricht, eilige Push-Mitteilung), wird es im Zweifel nur schwer schaffen, sich zwei Stunden lang am Stück auf einen Film zu konzentrieren, wenn nicht alle paar Sekunden ein neuer Reiz einsetzt bzw. das Bild wechselt. **Menschen fällt es zunehmend schwer, sich zu konzentrieren.** Für Filmstudios bedeutet das: Schneller schneiden, bloß nicht die knappe Aufmerksamkeit der Leute verlieren. Was das für unsere Gesellschaft insgesamt bedeutet, dafür interessiert sich in der Politik bislang hingegen kaum jemand. Doch die Unterhaltungsindustrie ist hier wie so oft Vorreiter und hat sich längst an diese neue Realität angepasst. Für sie ist Aufmerksamkeit bares Geld wert – und wie radikal sich ausgerechnet diese Branche verändert, ist ein deutliches Zeichen für einen Wandel, den viele andere noch nicht mal auf dem Schirm haben.

Das Internet und insbesondere Smartphones verändern die Art, wie wir denken. Das ist unstrittig. *Wie* genau sie das tun ist allerdings nach wie vor unklar. Ist die Veränderung nützlich oder gefährlich? Belastbare Langzeitstudien darüber gibt es nicht. Doch das ist kein Versagen der Wissenschaft. Der leicht nachvollziehbare Grund ist, dass diese Art der Technologie und Kommunikation für uns immer noch sehr neu ist. Erst seit rund zehn Jahren sind Smartphones in der Masse verbreitet und werden täglich genutzt. Einen aussagekräftigen Generationenvergleich, wie sich unser Denken geändert hat, kann es daher einfach noch nicht geben. Doch es gibt mittlerweile viele Zwischenergebnisse – und die stimmen leider nicht gerade hoffnungsvoll.

Fangen wir ganz grundsätzlich an: Was machen zehn Jahre Smartphone mit dem Verstand eines Menschen? Natürlich geht die tägliche Nutzung nicht einfach an uns vorbei. Sie hinterlässt Spuren. Wenn man etwa zehn Jahre lang jeden Tag Klavier spielt, wird man im zehnten Jahr sehr wahrscheinlich besser spielen als am ersten Tag. Dafür braucht es noch nicht einmal Musikunterricht. Wenn man über einen längeren Zeitraum einfach so »drauflos spielt«, merkt sich unser Gehirn irgendwann ganz von selbst, welche Tastenkombinationen harmonisch klingen und welche überhaupt nicht zusammenpassen. Dieser Lerneffekt beschränkt sich nicht nur auf Musik: Genauso ist es sehr wahrscheinlich, dass jemand, der seit zehn Jahren Schach spielt, vermutlich gegen jemanden gewinnen wird, der es zum ersten Mal versucht. Oder dass man nach zehn Jahren Übung einen besseren Hund zeichnen kann als am ersten Tag. Unser Gehirn ist kein statisches Objekt. Es verändert sich, je nachdem zu was wir es gebrauchen und passt sich an. Das gilt auch für die intensive Nutzung neuer Technologie. Und ob zehn Jahre, fünf Jahre oder ein Jahr: Bei den im Schnitt drei bis vier Stunden, die wir *täglich* am Smartphone verbringen, wäre es naiv anzunehmen, es würde keinerlei Auswirkungen auf uns haben.

Wir nutzen Programme in nahezu jedem Bereich unseres Lebens. Im Auto müssen wir den Weg nicht mehr im Gedächtnis haben, sondern lassen uns vom Handy sagen, ob wir links oder rechts fahren sollen und wann wir das »Ziel erreicht« haben. Praktisch. Termine müssen wir nicht mehr handschriftlich irgendwo eintragen, sondern können es Sprachassistenten wie Siri oder Alexa diktieren. Gemütlich. Für die Nachrichten von heute müssen wir nicht auf die gedruckte Zeitung von morgen warten, sondern können es sofort bei Twitter und unzähligen Online-Magazinen lesen. Ein echter Vorsprung! Und soziale Medien, von YouTube bis Instagram, sorgen mit endlosen kreativen (und kostenlosen) Inhalten für abwechslungsreiche Unterhaltung, die man in dieser Form nirgendwo sonst bekommen kann.

Nicht, dass wir uns falsch verstehen: Alles davon ist super. Es macht unser Leben in vielen Bereichen deutlich angenehmer. Einzeln betrachtet ist jede Funktion, jede App auch durchaus sinnvoll. Aber wenn man sie nicht voneinander isoliert betrachtet, sondern als das ganzheitliche System, das sie für uns längst geworden sind, offenbart sich leider eine beunruhigende Kehrseite.

Der Konzern *Microsoft* veröffentlichte 2015 eine Studie, die uns eine völlig neue Sicht auf die negativen Folgen der Technologie eröffnete. Zu diesem Zeitpunkt war das iPhone, der Auslöser für den gigantischen Smartphone-Boom, erst wenige Jahre jung. Doch die praktischen Geräte hatten sich bereits in unfassbarer Geschwindigkeit in unseren Alltag integriert. Eigentlich wollte das Tech-Unternehmen in seinen Untersuchungen nur herausfinden, wie man auf den neuartigen Mobiltelefonen künftig besser Werbungen gestalten kann – immerhin hatte sich mit dem Smartphone eine komplett neue Produktklasse gebildet, die von den Konsumenten auf ganz andere Weise genutzt wurde als ein klassischer PC auf dem Schreibtisch. Doch was die Forscher dabei entdeckten, hatten sie vermutlich selbst nicht für möglich gehalten:

Unsere Aufmerksamkeitsspanne hat sich drastisch reduziert – auf nur noch acht Sekunden! Danach lässt bei den meisten Menschen die Konzentration nach. Es fällt uns immer schwerer »dranzubleiben«, wenn nicht ständig etwas Neues passiert. Wir sind süchtig nach Ablenkung. Die Forscher gehen davon aus, dass der Grund dafür eine Nebenwirkung der Nutzung des mobilen Internets sein dürfte: Da das Gehirn in der Lage sei, sich anzupassen und sich mit der Zeit zu verändern, könne die abnehmende Fähigkeit, sich zu konzentrieren, die direkte Folge des medialen Dauerbeschusses durch Smartphones sein.

Je mehr die Menschen im Netz hängen und je früher sie sich daran gewöhnen, desto schwerer fällt es ihnen jedenfalls, sich auf etwas zu konzentrieren. Bei den Studienteilnehmern konnte man etwa beobachten, dass vor allem jüngere Menschen (in der Studie definiert mit einem Alter zwischen 18 und 24 Jahren) mindestens alle 30 Minuten auf ihr Handy schauen. In dieser Altersgruppe ist es für beinah jeden (rund drei Viertel aller Befragten) auch völlig normal, dass ihr Smartphone das Erste ist, was sie nach dem Aufwachen ansehen und das Letzte, bevor sie schlafen. Morgens erst mal die angestauten Push-Mitteilungen der Nacht checken und sich abends noch mal zum Müdewerden ein bisschen bei Instagram und YouTube berieseln lassen. Wer dann noch zusätzlich den ganzen Tag über sein Handy checkt – sei es aus Angst etwas zu verpassen oder einfach aus Langeweile – ist buchstäblich im Netz der Digitalbranche kleben geblieben. Die negativen Folgen nehmen interessanterweise auch die Studienteilnehmer selbst äußerst konkret wahr: Zwei Drittel der jungen Befragten geben an, dass sie spürbare Probleme haben, sich auf eine einzelne Sache zu konzentrieren und immer wieder von zusammenhanglosen Gedanken abgelenkt werden. Solche Einschätzungen über den eigenen Geisteszustand sind keine gute Nachricht – gerade nicht von jungen Menschen, die sich eigentlich in der Blüte ihrer Leistungsfähigkeit befinden sollten.

Acht Sekunden. Dieser Wert ist vor allem deshalb so

bemerkenswert, weil die durchschnittliche Aufmerksamkeitsspanne des Menschen damit mittlerweile sogar niedriger ist als die eines Goldfisches, der es immerhin auf neun Sekunden bringt. Ihr wisst schon, der Fisch, der in Cartoons gerne als besonders vergesslich dargestellt wird – ein beliebter Gag ist zum Beispiel, dass er beim Schwimmen bereits vergessen hat, woher er eigentlich gekommen ist, sobald er die andere Seite seines winzigen Goldfischglases erreicht.

Doch zurück zum Menschen: Allein zwischen 2000 und 2015, dem »goldenen Zeitalter« der sozialen Netzwerke, ist unsere Aufmerksamkeitsspanne um mehr als 33 Prozent zurückgegangen.* Dieser Absturz unserer kognitiven Leistung ist furchterregend. Und er wird nicht nur in der *Microsoft*-Studie registriert, sondern in zahllosen Untersuchungen rund um den Globus.

»Allein die Präsenz von Smartphones verringert die verfügbare kognitive Leistungsfähigkeit«. Zu dieser alarmierenden Erkenntnis kommt nur zwei Jahre später auch ein Forscherteam an der Universität von Texas (Austin, USA). Im Jahr 2017 veröffentlicht es die Resultate einer erstaunlichen Versuchsreihe: Die Wissenschaftler hatten die Teilnehmer ihres Experiments einige Denkaufgaben lösen lassen. Zuvor waren sie jedoch in verschiedene Gruppen eingeteilt worden, mit einem kleinen, aber entscheidenden Unterschied: Eine Gruppe durfte während

---

* Die bekanntesten und meistgenutzten Social Media-Angebote gingen allesamt innerhalb dieses Zeitfensters online, egal, ob Facebook (2004), YouTube (2005), Twitter (2006), Instagram (2010) oder auch die populären Chat-Dienste WhatsApp (2009) und Telegram (2013), die sich im Lauf der Zeit von einem reinen SMS-Ersatz zu bedeutenden Netzwerken wandelten.

der Arbeit an den Aufgaben ihre Smartphones neben sich auf den Tisch legen, eine weitere Gruppe musste sie in einem anderen Raum lassen. Die anschließende Auswertung der Testergebnisse ist erschreckend eindeutig: Diejenigen, die ihr Handy abgeben mussten, schnitten signifikant besser ab, als die Teilnehmer, die es auf ihrem Tisch liegen lassen durften. Die Erklärung der Forscher: Offenbar sind wir mittlerweile so süchtig nach unseren Mobiltelefonen, dass die Gehirne der Teilnehmer, die ihr Handy bei sich hatten, unbewusst eine *zusätzliche* Aufgabe während des Tests bewältigen mussten – und zwar den Impuls zu unterdrücken, nach dem Telefon zu greifen. Während sie sich eigentlich auf die Übung vor ihnen konzentrieren sollten, schweiften ihre Gedanken immer wieder zu ihren Handys ab. So viele Benachrichtigungen, die dort auf einen warten könnten, so viele verlockende Ablenkungen, die man sich gönnen könnte.

Selbstverständlich können wir mehrere Aufgaben gleichzeitig bewältigen – doch je mehr es werden, desto weniger Konzentration und Denkvermögen-Power sind für jede einzelne davon verfügbar. Das kann man sehr leicht selbst überprüfen, indem man etwa zwei Stifte in die Hände nimmt, sich vor ein Blatt Papier setzt und dann erst mit der linken Hand das Wort »Baum« schreibt und direkt danach mit der rechten Hand das Wort »Auto«. Einfach, oder? So, und als Nächstes das Ganze gleich noch mal, aber beides gleichzeitig.

Schon schwieriger. Was eben noch kinderleicht war, bereitet uns nun große Probleme. Natürlich können wir im Grunde mit beiden Händen beide Worte schreiben (es muss auch nicht unbedingt Sonntagsschönschrift sein), aber es fällt uns erheblich leichter, wenn wir uns auf eine Sache nach der anderen konzentrieren können. Zugegeben, ein äußerst plakatives Beispiel, aber um nichts Geringeres geht es im Kern: Unsere geistige Leistung wird eingeschränkt, sobald wir mehrere Sachen gleichzeitig bewältigen müssen. Das wiederum bedeutet: Wenn wir in Gedanken ständig bei unseren bescheuerten Telefonen sind, leidet unser Denkvermögen. Und in einer Zeit, in der wir die Dinger praktisch rund um die Uhr vor der Nase bzw. in Griffnähe haben, wird diese geistige Anspannung zum Dauerzustand.

Dabei muss man eine Sache kurz festhalten: Wie bei so vielem ist auch bei Handys und dem mobilen Internet die Menge, d. h. die Häufigkeit der Nutzung entscheidend. Ein Stück leckere Schokoladentorte an sich ist ja auch kein Problem. Für die Gesundheit herausfordernd wird es jedoch, falls man von morgens bis abends ein Stück Torte nach dem anderen verschlingt. Auch Facebook, WhatsApp etc. sind nicht der Teufel. Wer sich bewusst Zeit nimmt, um beispielsweise in der Mittagspause sein Lieblingsspiel am Handy zu zocken oder abends die neuesten YouTube-Videos zu schauen, macht aus medizinischer Sicht nichts falsch. Wenn man allerdings wie ein Junkie nervös und unruhig wird, sobald man mal 30 Minuten nicht auf sein Telefon schaut, sollte man sich ernsthaft und selbstkritisch die Frage stellen, ob diese Art zu leben wirklich das ist, was man möchte. Die Untersuchungen der texanischen Wissenschaftler zeigen jedenfalls, wie eingenommen wir mittlerweile von unseren Smartphones sind.

Der ein oder andere kann das vielleicht im eigenen

Alltag beobachten. Meine Frau und ich lieben zum Beispiel Filmabende mit Freunden und Familie. Als neulich eine etwas jüngere Cousine, so um die 20, zu Besuch war, schauten wir eine Serie zusammen. Dabei merkten wir, dass sie durchgehend an ihrem Smartphone hing. Ob sie denn überhaupt die Handlung mitbekomme, fragten wir. »Na klar«, antwortete sie. Sie schaue immer so fern! Fernsehen alleine wäre doch langweilig. Aber sie bekomme alles mit, keine Sorge! Nach etwa drei Folgen unterhielten wir uns darüber, wie wir die Serie bisher fanden. »Bombe«, kommentierte unser Besuch, »das ist eine der besten Serien, die ich jemals gesehen habe.« Als wir kurz über unsere Lieblingsszenen sprachen, sagte sie: »Hä? Wann ist das denn passiert?« und »Spul noch mal zurück, kann ich mich gerade echt nicht mehr dran erinnern«. Es stellte sich heraus, dass sie von keiner einzigen Person in der Serie den Namen nennen konnte.

Die ständige Smartphone-Spielerei der jungen Menschen ist gar nicht böse gemeint und bedeutet keinesfalls, dass das, was sie eigentlich tun, langweilig oder blöd wäre. Es ist schlicht die Macht der Gewohnheit. Das Handy für ein oder zwei Stunden nicht anzufassen, ist für viele regelrecht unnatürlich. Der Griff zum Telefon ist ihnen so in Fleisch und Blut übergegangen, dass es sich falsch anfühlt, es *nicht* zu tun.

Man kann natürlich versuchen, das Ganze optimistisch zu betrachten. Indem man beispielsweise versucht zu argumentieren, dass ja durch die ständige Zeit am Bildschirm so viel gelesen werde. Also selbst wenn es keine große Literatur sei, sondern hauptsächlich WhatsApp-Chats und Instagram-Captions – Lesen an sich wäre doch irgendwie immer gut, oder? Außerdem seien ja Nachrichten-Apps wie von der *Tagesschau* oder *Der Spiegel* auch total beliebt!

Ich bewundere diese gut gelaunte Suche nach dem Silberstreif am Horizont. Wirklich. Doch die Erkenntnisse von Fachleuten grätschen einem derartigen Wunschdenken leider ziemlich brutal dazwischen.

2019 veröffentlichen 130 Forscher aus der ganzen Welt – von A wie Australien bis Z wie Zypern – eine eindringliche Warnung. Durch zahlreiche Studien haben sie festgestellt, dass das digitale Lesen am Bildschirm nachweislich schlechter ist als das Lesen auf Papier. Also nicht für die Augen, sondern für das Gehirn. **Leute lesen, doch sie verstehen den Inhalt nicht mehr.** In einer gemeinsamen Schrift, der sogenannten Stavanger-Erklärung, schlagen sie Alarm, dass man das Problem nicht auf die leichte Schulter nehmen dürfe. Das Lesen auf Tablets, Laptops und Smartphones gilt als schick und modern, in vielen Bildungseinrichtungen wird zunehmend auf digitales Lernen umgestellt – doch die Experten befürchten eine genau umgekehrte Wirkung. Ihre Studien zeigen, dass die fortschreitende Digitalisierung einen entgegengesetzten Effekt haben könnte: Menschen werden nicht schlauer, sondern dümmer. Ihre kognitiven Leistungen lassen messbar nach. Viele Menschen *glauben*, sie könnten schneller und besser am Bildschirm lesen. Doch in Überprüfungen stellt sich heraus, dass sie Texte in Wahrheit oft nur überfliegen. Ja, sie sind zwar schnell mit einem Artikel durch, aber das Textverständnis, der entscheidende Knackpunkt, geht in den Keller. Die Forscher warnen, dass das digitale Lesen »zu geringerer Konzentration auf den Inhalt des Gelesenen führt«. Ihren Untersuchungen zufolge lasse sich Papier nicht ohne Weiteres durch Bildschirme ersetzen. Gerade bei Kindern könne es vielmehr drastische Folgen haben: Der als modern empfundene Umstieg von Büchern und Heften zu Computern und Tablets könne nicht nur die Lesefähigkeiten verschlechtern, sondern – noch wichtiger – sogar die »Entwicklung kritischen Denkens« insgesamt beeinträchtigten. Eine der bekanntesten Unterzeichnerinnen der Stavanger-Erklärung, Dr. Maryanne Wolf, warnt öffentlich davor, dass sich unser Gehirn daran gewöhnen könne, »flach und ungeduldig zu denken«.[*]

Spätestens hier erreichen wir einen Punkt, ab dem es nicht nur für einzelne Menschen, sondern für unsere Zivilisation insgesamt brandgefährlich wird. Was bedeutet es für unser Zusammenleben, wenn wir immer ungeduldiger werden? Wie sehen Parteien und Regierungen künftig aus, wenn Wähler sich nicht auf Inhalte konzentrieren können, sondern nur noch überspitzte Parolen bei ihnen hängen bleiben? Wenn die Aufmerksamkeitsspanne so gering wird, dass komplexe Probleme darin keinen Platz mehr finden? Wir müssen unbedingt darüber reden, was hier gerade mit uns geschieht. In welche Richtung wir uns entwickeln. Das darf keine Wohlstandsdebatte sein,

---

[*] Dr. Maryanne Wolf ist Kognitions- und Literaturwissenschaftlerin. Sie forscht und lehrt unter anderem an der University of California in Los Angeles und gilt international als bedeutende Stimme bei der Frage, wie digitales Lesen unser Denken beeinflusst. In einem Interview mit der Zeitung *Welt* bringt sie im Sommer 2019 ihre Sorge zum Ausdruck, »dass Menschen so einen Teil ihrer Fähigkeit zur Analyse komplexer Fragen verlieren. Ein Risiko auch fürs Mitdenken in der Politik, für Wahlen und Demokratie.«

über die sich lediglich ein paar Akademiker am Wochenende bei einem Glas Wein austauschen. Diese Diskussion gehört in die Mitte der Gesellschaft. Sie geht uns alle an! Denn sobald wir die Fähigkeit zum kritischen Denken verlieren, geht es an die Substanz unserer Demokratie und Zivilisation.

Immerhin ist das Problem mittlerweile bekannt genug, dass die größten Smartphone-Konzerne der Welt handeln müssen. Egal, ob Apple, Samsung oder Google (letztere als Anbieter des Android-Systems) – alle reagierten in den vergangenen Jahren auf die wissenschaftlichen Erkenntnisse zu den negativen Folgen eines übermäßigen Handy-Konsums. Dabei gehen die Tech-Giganten einen ähnlichen Weg wie andere Branchen, deren Produkte nachweislich Schäden bei ihren Kunden anrichten können: Zugeben, was nicht zu leugnen ist, und ansonsten die Verantwortung auf die Käufer abschieben. Die Anbieter von Zigaretten etwa kennen das Spiel schon seit vielen Jahren. Die Tabakindustrie kann nicht mehr abstreiten, dass ihre Kippen krebserregend sind. Also: Warnung auf die Schachtel kleben (sprich, das Problem zugeben) und ansonsten schulterzuckend sagen: »Ist halt schädlich, aber wir zwingen ja niemanden zum Rauchen.« Sind die Kunden halt zu blöd; dass Raucher nicht die Finger von den Produkten lassen können, dafür können ja die Zigarettenhersteller nichts, so die Argumentation.

Von Warnhinweisen auf iPhones sind wir noch weit entfernt. Doch alle großen Smartphone-Hersteller bieten auf ihren Geräten mittlerweile Funktionen an, die es den Nutzern ermöglichen sollen, weniger Zeit damit zu verbringen. Mit kleinen Software-Tricks soll der Suchtfaktor gezähmt werden. **Ein ehrlicher Name für solch eine Funktion wäre »Verblödungsnotbremse«.** Im Marketingsprech der Branche haben sich stattdessen die Begriffe »Digital Detox« und »Digitales Wohlbefinden« durchgesetzt. Klingt ein bisschen mehr nach Healthy-Lifestyle-Flair und verleiht dem Ganzen einen etwas positiveren Spin. Doch egal, welche wohlklingenden Namen sich Werbetexter dafür ausdenken: Die obligatorische Implementierung dieser Angebote in jedes Gerät ist ein klares Eingeständnis der Unternehmen, dass hier etwas nicht stimmt.

Es gibt für diesen *Digital Detox* am Smartphone eine ganze Reihe von Funktionen, die sich im Betriebssystem gern sehr weit hinten in den Einstellungen verstecken. So lassen sich etwa die Benachrichtigungen für einzelne (oder gleich alle) Apps pausieren, Zeitlimits für ausgewählte Anwendungen festlegen oder Analysen zur täglichen Nutzungsdauer ansehen. Wer möchte, kann sogar den Bildschirm so einstellen, dass sämtliche Farben ausgeblendet werden und alles auf dem Display nur noch in Graustufen angezeigt wird. Das soll laut den Herstellern »beruhigend« wirken und dafür sorgen, dass einem am Handy schneller langweilig wird.

Ich bin mir sicher, dass es irgendwelche Testgruppen bei Apple, Google etc. gab, bei denen man die beeindruckende Wirksamkeit dieser Funktionen zweifelsfrei nachweisen konnte. Bestimmt. Aber zumindest in meiner eigenen Erfahrung habe ich festgestellt, dass die Maßnahmen oft einen gegenteiligen Effekt haben. Ein Handy mit schwarz-weißem Bildschirm sieht nämlich gleich eine ganze Ecke eleganter aus. Als ich den Modus zum ersten

Mal aktivierte, ertappte ich mich dabei, dass ich tatsächlich *mehr* Zeit am Handy verbrachte. Es war nicht mehr jede Homepage und jeder Social-Media-Account mit anstrengend hässlichen Farbkombinationen zugeklatscht, sondern alles wirkte weitgehend einheitlich und weniger billig. Es erhöhte die Zeit, die ich am Smartphone verbrachte, deutlich – einfach, weil es angenehmer für die Augen war. Mit viel Humor könnte man in dieser Funktion daher trotzdem einen Beitrag zum »digitalen Wohlbefinden« sehen. Aber gut, ich vertrete damit bestimmt eine Einzelmeinung und bin höchstwahrscheinlich die nervige Ausnahme, die die Regel bestätigt.

Doch ich kann die gegenteilige Wirkung auch bei anderen beobachten, die beruflich viel im Netz unterwegs sind. Mit den *Digital Detox*-Funktionen lässt sich genau erfassen, wie viel Zeit man pro Tag am Handy verbringt. Also zum Beispiel: Heute eine Stunde Internet-Browser, zwei Stunden YouTube, drei Stunden Instagram und so weiter. In dem Feld, in dem ich arbeite (Politik, Journalismus, Social Media) sind Menschen quasi rund um die Uhr online. Ich erinnere mich an viele Momente mit Kollegen, bei denen sie stolz ihre tägliche Leistung miteinander verglichen. »Wie lange warst du heute auf Facebook aktiv? Was war deine Zeit auf Twitter? Wie viele Stunden warst du insgesamt online aktiv? Was, nur 7 Stunden 16 Minuten? Ich habe 9 Stunden 42 Minuten! Hast du überhaupt was geschafft heute?« Die Zeiterfassung dient fast wie eine Art Stechuhr oder Fleißpegel, mit dem man sich gegenseitig übertrumpft – leicht ironisch, doch erkennbar nicht ohne Stolz. Und am nächsten Tag legt man dann vielleicht auch eine Extraschicht am Telefon ein.

Persönliche Erfahrungen sind natürlich so eine Sache. Sie können zwar manchmal Dinge aus einem neuen Blickwinkel zeigen, doch wissenschaftlich haben sie keinerlei Aussagekraft. Aber unabhängig davon, in welchem Ausmaß die erwähnten Funktionen nach hinten losgehen können, haben sie einen viel größeren, grundsätzlichen Mangel: Selbst *wenn* die *Digital Detox*-Maßnahmen funktionieren sollten – damit Leute sie tatsächlich aktivieren, müssten sie ihren ausufernden Smartphone-Konsum zunächst überhaupt als Problem wahrnehmen! Dieser Schritt ist der wichtigste. Wenn es auf dieser Ebene nicht *klick* bei den Nutzern macht, laufen sämtliche Alibi-*Detox*-Einstellungen, irgendwo hinter dem Akku-Management versteckt, ins Leere. Es bedarf stattdessen viel mehr Aufklärung, viel mehr Aufmerksamkeit für die langfristigen Risiken für die Konsumenten.

Die Folgen einer maßlosen Smartphone-Nutzung können wir buchstäblich mit den eigenen Händen fühlen. Weil wir nämlich den halben Tag damit auf unseren Telefonen tippen, zoomen und swipen, sind unsere Daumen bereits heute »muskulöser, stärker und beweglicher« als noch vor wenigen Jahren, wie 2019 die *Berner Zeitung* neue wissenschaftliche Untersuchungen zusammenfasste. Die Veränderungen gehen so weit, dass bei jungen Menschen der Daumen teilweise bereits Funktionen des Zeigefingers übernimmt.

Das sind natürlich ganz tolle Nachrichten: Unsere Aufmerksamkeitsspanne sinkt unter das Niveau von Goldfischen, aber dafür haben wir mehr Muskeln im Daumen. Stärkere Hände, schwächerer Geist, na, das sind doch mal astreine Aussichten, wie es für uns auf der Evolutionsleiter weitergeht. Und wenn Smartphones so schnell unsere Daumen verändern – stellt euch vor, was sie mit unseren Gehirnen machen.

Der weite Weg bergab

Das Silicon Valley in den USA ist das Herz der globalen Digitalindustrie. In der überraschend kleinen Region südlich von San Francisco hat eigentlich jedes Tech-Unternehmen mit Rang und Namen entweder seine Zentrale oder zumindest eine bedeutende Zweigstelle. Hier ist die Heimat von Apple, Google, Facebook, Twitter, Netflix und vielen weiteren Giganten der Branche. Es sind einige der wertvollsten Firmen der Welt, die ihre Milliardenumsätze vor allem damit generieren, dass möglichst viele Menschen so viel Zeit an ihren Smartphones und im Internet verbringen, wie sie nur können.

In solch einem Umfeld könnte man eigentlich davon ausgehen, dass schon die jüngsten Mitglieder der Gemeinde, die Kinder, so früh wie möglich mit neuester Technologie in Berührung gebracht werden. Schließlich beruht der sagenhafte Wohlstand des weltberühmten Standorts auf digitalen Innovationen und deren nahtloser Integration in unseren Alltag. Wie wachsen also Kinder an diesem einzigartigen Ort auf? Sie müssten doch bestimmt schon die Metadaten mit der Muttermilch aufsaugen! Kindergärten mit Robotererziehern, Grundschulen mit einer künstlichen Intelligenz als Rektoren und was man sich noch so zusammenfantasieren könnte.

Doch erstaunlicherweise gehört es ausgerechnet im Silicon Valley zum guten Ton, seine eigenen Kinder möglichst lange von den eigenen Produkten fernzuhalten. Es ist bekannt, dass Apple-Legende Steve Jobs als Vater strenge Limits setzte, was die Verwendung von Computern anging. Auf die Frage eines Journalisten, wie seinen Kindern das iPad gefalle, antwortete Jobs einmal, dass sie es noch nie benutzt hätten. Während er auf Pressekonferenzen und bei öffentlichen Auftritten davon schwärmte, wie sehr die Produkte von Apple angeblich Kreativität und Fantasie anregten, achtete er als Privatmensch sehr genau darauf, dass die süchtig machende Technologie nicht die Leistungsfähigkeit seines eigenen Nachwuchses gefährdete.

Sein Nachfolger, Apple-Chef Tim Cook, hat keine Kinder, doch auch er wacht darüber, die jungen Familienmitglieder vor den Folgen eines komplett digitalisierten Alltags zu schützen. Durch die britische Zeitung *Guardian* weiß man, dass Cook seinem Neffen unter anderem die Nutzung sozialer Medien komplett verbietet.

Der Computeringenieur Tony Fadell ist einer der Miterfinder des iPhones. Wenige Produkte haben weltweit solch einen gewaltigen Einfluss und Erfolg gehabt. Eine Leistung, auf die man stolz sein müsste. Stattdessen erklärt Fadell, »der kalte Schweiß breche ihm aus, wenn er darüber nachdenke, was er und seine Kollegen da in die Welt gesetzt haben«, wie ihn die *Süddeutsche Zeitung* 2017 zitiert. Eine bewusst »suchterzeugende Wirkung« sei »fest in das Design« des iPhones und seiner Funktionen integriert worden. Den Schaden könne er an seinen eigenen Kindern beobachten, die ohne ihre Smartphones regelrechte Entzugserscheinungen hätten: »Es ist beinahe, als würde man ihnen ein Stück ihrer Selbst entreißen.« Obwohl iPhones als Mittel der Kommunikation beworben werden, als etwas, um mit anderen in Verbindung zu bleiben, werde in Wahrheit das Ego des Einzelnen befriedigt.

Zahlreiche Mitarbeiter großer Internet-Unternehmen verbieten ihren Kindern Smartphones und schicken sie bewusst auf eine Schule, an der keine Computer verwendet werden. »Ich bin überzeugt davon, dass der Teufel in unseren Telefonen lebt und in unseren Kindern verheerende Schäden anrichtet«, so drastisch formulierte es 2018 eine Managerin von Facebook gegenüber der *New York Times*. Ihr Arbeitgeber verdient einen großen Teil seines Geldes damit, jungen Menschen Werbung auf ihren Smartphones anzuzeigen. Dabei ist es für den Facebook-Konzern – zu dem auch WhatsApp und Instagram gehören – besonders lukrativ, seine Nutzer durch allerlei psychologische Tricks so lange wie möglich in seinen Apps zu halten. Denn je länger Menschen darin verweilen, umso mehr Werbung kann man ihnen reindrücken – was wiederum die Kasse von Facebook stärker klingeln lässt. Verständlicherweise wollte die kritische Managerin anonym bleiben.

Einer, der sich um die Karriere keine Sorgen mehr machen muss, ist Sean Parker. Als Gründungspräsident und wichtiger Anteilseigner von Facebook wurde er zum mehrfachen Milliardär. Er ist finanziell so abgesichert, dass er sich Ehrlichkeit leisten kann. Jahre nach seiner

Zeit bei Facebook gab er gegenüber dem Nachrichten-magazin *Axios* zu, dass man bei der Entwicklung gezielt »Schwächen der menschlichen Psychologie ausgenutzt« habe. Laut Parker habe man mit Facebook bewusst ein System geschaffen, dass die Nutzer süchtig nach Aner-kennung machen soll. Das Streben nach Likes und Kom-mentaren ergebe einen *social-validation feedback loop.* Auf Deutsch ist dieser Begriff wörtlich nur etwas holprig zu übersetzen, sinngemäß beschreibt er die Kombina-tion von zwei Faktoren: Erstens führt das Erhalten von »Daumen hoch«-Reaktionen auf Facebook (oder Herzen auf Instagram) zu einer körperlichen Reaktion. Dopamin wird ausgeschüttet, ein chemischer Botenstoff, durch den wir uns glücklich und motiviert fühlen. Zweitens wollen wir dieses Gefühl möglichst oft wieder spüren, was uns dazu bringt, noch mehr Fotos oder Videos in den sozia-len Netzwerken hochzuladen. In der Folge entsteht eine Art Endlosschleife aus »Beiträge posten, Likes erhalten, mehr Beiträge posten, mehr Likes erhalten«, durch die wir uns bestätigt fühlen. Aus unternehmerischer Sicht ein genialer Schachzug: Die Nutzer von Instagram & Co. machen sich gegenseitig abhängig. Das ist der *social-va-lidation feedback loop,* der die Menschen an die sozialen Netzwerke kettet. Diese Funktionsweise wird oft mit dem Konsum von Drogen verglichen, bei dem sich mit der Zeit der gesamte Alltag nur noch auf den nächsten Glücks-schub ausrichtet.* Man habe die psychologischen Risi-

---

* Nicht vergessen sollte man auch, dass Nutzer in der Regel nicht nur ein, sondern gleich mehrere Social Media-Angebote wahrnehmen. Wenn auf dem Bildschirm ständig Benachrichtigungen über neue In-stagram-Likes, Facebook-Kommentare oder Tinder-Nachrichten auf-

ken bei der Entwicklung gekannt, aber trotzdem weiter-gemacht, so der ehemalige Facebook-Präsident Parker: **»Nur Gott weiß, was es mit den Hirnen unserer Kinder anstellt.«**

Auch ohne göttliche Allwissenheit können Mediziner und Wissenschaftler rund um den Globus mittlerweile viele beunruhigende Hinweise darauf sammeln, was sich hier gerade abspielt. Dazu sind keine Gebete nötig, son-dern zum Beispiel ein Magnetresonanztomograf (MRT). Selbst, wenn euch der Name nichts sagt, habt ihr so ein Gerät zumindest im Fernsehen schon oft gesehen. Es sind die großen, röhrenartigen Maschinen, in die Patienten liegend hineingeschoben werden. Der MRT »scannt« den Körper und erlaubt Ärzten einen Blick ins Innere, ohne dass man ihn dafür aufschneiden muss. Eine MRT-Unter-suchung ist quasi wie Röntgen, nur ohne die schädliche Strahlenbelastung, aus diesem Grund können die Geräte auch problemlos bei Kindern eingesetzt werden.

Genau das taten Forscher in Ohio (USA), die 2019 er-schütternde Ergebnisse veröffentlichten. Was sie umtrieb: Viele Eltern setzen ihren Nachwuchs schon in jungen Jahren ans Handy oder bespaßen ihn am Tablet. Einige wollen ihre Kinder damit schlicht ruhigstellen, andere sind überzeugt davon, dass die Gewöhnung an digitale Geräte ihren Geist anregen und sogar ihre Intelligenz

---

blitzen, werden wir konstant mit kleinen Dopaminschüben versorgt, auf die wir nur schwer verzichten können, wenn wir uns nur ein-mal daran gewöhnt haben. Das führt dazu, dass viele Menschen ihr Telefon kaum noch für längere Zeit aus der Hand legen – oder sich so-gar schlecht und als Versager fühlen, wenn ihr Foto mal nicht so viele »Gefällt mir«- bzw. »Daumen hoch«-Reaktionen bekommt.

fördern kann.* Auch in meinem persönlichen Bekanntenkreis gibt es Eltern, die begeistert davon schwärmen, wie sicher ihr Kleinkind bereits auf dem iPad seine Lieblingsspiele bedienen kann –»noch so klein, aber tippt und wischt auf dem Tablet schon so gekonnt herum wie der Praktikant einer hippen Berliner Werbeagentur!«

Die US-amerikanischen Wissenschaftler wollten herausfinden, was der frühe Kontakt mit den modernen Medien für die menschliche Entwicklung bedeutet. Sie untersuchten deshalb Dutzende Kinder im Alter zwischen drei und fünf Jahren. Die MRT-Analysen lieferten ihnen genaue Aufnahmen ihrer Gehirne. Dabei machten sie eine bemerkenswerte Entdeckung: Kinder, die mehr Zeit am Bildschirm verbringen, schnitten bei kognitiven Tests deutlich schlechter ab. »Sie konnten sich sprachlich nicht so gut ausdrücken, brauchten länger, um Objekte zu benennen und hatten generell größere Probleme beim Lesen«, berichtet *Die Zeit* über das Experiment. Was man anfangs für simple Konzentrationsstörungen halten könnte, erscheint durch die aufwendigen MRT-Untersuchungen schnell in einem anderen Licht: **Die Gehirnscans zeigen, dass Kinder, die viel Zeit an Bildschirmen verbringen, weniger weiße Substanz in den Regionen haben, die etwa Sprache und Selbstregulation kont-**

---

* Natürlich wurden Kinder von ihren Eltern auch schon vor der Erfindung des Smartphones gerne mal vor einen Bildschirm abgeschoben, und zwar den guten, alten Fernseher. Doch TV ist ein recht behäbiges Medium, das nicht auf den Zuschauer reagiert – abgesehen vom Kanalwechsel oder der Lautstärkenregulierung passiert in der Hinsicht nicht viel. Die Apps auf Mobiltelefonen und Tablets hingegen sind interaktiv und in der Regel mit dem Ziel designt, die Nutzer mit immer neuen Belohnungen möglichst lange bei der Stange zu halten.

rollieren. Ihre Gehirne haben sich verändert. Der frühe Kontakt zu moderner Technologie zeigt Folgen. Vor dem Bildschirm zu hängen und auf dem Tablet herumzutippen verschafft den Kindern keinen intellektuellen Vorsprung, im Gegenteil. Dieses Verhalten kann offenbar stattdessen ihre geistige Entwicklung (im besten Fall) verzögern oder (im schlechtesten Fall) sogar dauerhaft schädigen.

Wir müssen uns bewusst machen: Wir reden hier von der kommenden Generation, die aktuell heranwächst. Von jungen Menschen, die sich von klein auf an die Gegebenheiten ihrer digitalen Umwelt anpassen. Was bedeutet das langfristig für das Denkvermögen einer Gesellschaft? Wenn wir uns bereits in unserer frühesten Entwicklungsphase an ein digitales Bespaßungssystem gewöhnen, das nicht auf geduldige Talentförderung setzt, sondern auf kurzfristige Belohnungen für virtuellen Unsinn? Ja, es gibt tonnenweise »kindgerechte« Apps, die extra für möglichst junge Nutzer entworfen werden. Lustige Spielchen für die ganz Kleinen, süße Lernprogramme für Vorschulkinder, haufenweise Schnickschnack. Alles ist furchtbar niedlich und wirkt sehr durchdacht, aber wirklich »kindgerecht« wäre es, diesen ganzen Kram (zumindest für die ersten Lebensjahre) von seinen Kindern fernzuhalten.

Die bittere Wahrheit aber ist: Menschen kommen immer früher mit der digitalen Welt in Berührung. Die OECD listet in einem 2018 veröffentlichten Arbeitspapier auf, dass in mehreren Ländern bereits der größte Teil der Drei- bis Vierjährigen das Internet nutzt.[*] In Schweden

---

[*] Die OECD ist die Organisation für wirtschaftliche Zusammenarbeit und Entwicklung. In ihr sind hauptsächlich die wohlhabenden und als wirtschaftlich entwickelt geltenden Nationen der europäischen, nord-

und Belgien sind es etwa jeweils 70 Prozent, in den Niederlanden fast 80 Prozent! Durch die Einführung von Geräten, die hauptsächlich über Touchscreens und leicht verständliche Icons gesteuert werden – also Tablets und Smartphones – haben Klein- und Vorschulkinder kaum Einstiegshürden zu meistern, so die OECD. Kinder müssen nicht lesen können, es reicht, wenn sie auf dem Bildschirm die bunten Symbolbilder für ihre Lieblingsspiele wiedererkennen. Sie müssen nicht verstehen, wie eine Tastatur oder Maus funktioniert, sie können einfach auf den Screen tatschen, wie es sowieso ihr erster Impuls ist.

Es wirkt natürlich. Kinder lieben Tablets und Handys; Eltern freuen sich, dass die Kleinen so toll beschäftigt sind: »Die Kinder haben doch Spaß, warum sollte man es einschränken?« Ganz einfach, aus dem gleichen Grund, warum man Kinder auch nicht durchgehend mit Süßigkeiten vollstopfen sollte. Kinder lieben Schokolade, Bonbons, Kekse, Eis. Und natürlich sollen Kinder naschen dürfen. Doch man tut seinem Nachwuchs nichts Gutes, wenn man ihn permanent und in großen Mengen mit diesem Zeug füttert, nur weil es ihnen schmeckt. Genau so lieben Kinder die bunten Bilder und Animationen auf Smartphones und Tablets, doch wer sie jeden Tag stundenlang damit beschäftigt, nur weil es ihnen eben Spaß macht, schadet seinen Kindern mehr, als er ihnen hilft.

Bereits 2017 stellt das Bundesministerium für Gesundheit in einer großangelegten Studie fest, dass »zwischen

---

amerikanischen und australischen Staaten versammelt. Durch den Zusammenschluss wollen die Länder unter anderem den gegenseitigen Handel ankurbeln, aber auch gesellschaftliche Probleme frühzeitig erkennen.

einem Smartphone-Konsum und einer Konzentrationsstörung« bei Kindern und Jugendlichen »ein signifikanter Zusammenhang besteht«. Auch andere Entwicklungsauffälligkeiten wie Sprachstörungen und Hyperaktivität lassen sich beobachten. Der Berufsverband der deutschen Kinder- und Jugendärzte (BVKJ) warnt später mehrfach, dass Säuglinge und Kleinkinder *grundsätzlich* nichts vor dem Bildschirm verloren hätten. Es habe »katastrophale Folgen für die kindliche Entwicklung«, so BVKJ-Präsident Dr. med. Thomas Fischbach 2019 in der *Neuen Osnabrücker Zeitung*. Noch deutlicher geht es nicht.

Eines muss uns klar sein: Diese neuen Warnungen von Ärzten und Forschern dürfen wir nicht auf einer Ebene mit den alten Gruselmärchen unserer Eltern betrachten, dass man von zu viel Fernsehen angeblich viereckige Augen bekäme oder so was. Wir reden hier auch nicht von klassischem »Früher war alles besser!«-Pessimismus, den man so oft in der Diskussion über technische Innovationen heraushört. Nein, es steht »mehr auf dem Spiel, als dass Kinder zu viel Zeit an Bildschirmen verbringen«, wie es der ehemalige Google-Produktmanager Tristan Harris formuliert.[*] »Was tatsächlich geschieht«, warnt er

---

[*] Harris arbeitete mehrere Jahre für den weltberühmten Suchmaschinenkonzern, zu dem unter anderem auch YouTube und die Pixel-Smartphones gehören. Als er damals reflektierte, wie Google seine Angebote konzipiert, schlug er intern Alarm: Alles richte sich nur danach, dass Nutzer möglichst viel Zeit mit ihnen verbringen sollen – egal, ob es ihnen guttut oder nicht. Er kritisierte unter anderem die unablässigen Benachrichtigungen bei Gmail, dem E-Mail-Dienst von Google. Durch Untersuchungen (von Linda Stone, der ehemaligen Microsoft-Vizepräsidentin) weiß man, dass 80 Prozent der Menschen beim Checken ihrer E-Mails ihre Atmung umstellen: Sie halten unbewusst die Luft an oder atmen insgesamt unregelmäßiger. E-Mails stressen uns; es ist eine Belastung für unser Nervensystem. Für Har-

2020 in einem Interview mit der Zeitung *The Australian*, »ist die fundamentale Neuverdrahtung menschlicher Gehirne, die zu einem Verhalten führt, die unsere sozialen Strukturen auseinanderreißt«.

Wir stehen noch am Anfang dieser Entwicklung. Doch die Konsequenzen lassen sich bereits heute erahnen.

Am Abgrund

Seit 1947 hat die Menschheit eine sogenannte Weltuntergangsuhr. Dabei handelt es sich nicht um eine echte Uhr. Das Ganze hat vielmehr einen symbolischen Charakter: Mit der Weltuntergangsuhr soll gewarnt werden, wie nahe wir Menschen daran sind, uns durch unser eigenes Fehlverhalten selbst das Licht auszupusten. **Es geht um nicht weniger als das Aussterben der Menschheit.** Die Uhr zeigt demnach nicht an, wie viel Zeit *vergeht*, sondern wie viel uns noch *bleibt*. Jeder kennt sicher den Ausspruch »Es ist fünf vor Zwölf!«, wenn es darum geht, dass eine Sache total dringend ist oder etwas sehr Schlimmes kurz bevorsteht. Genau so funktioniert auch

---

ris waren die gewollt konstanten Meldungen von Gmail bzw. der Versuch der Entwickler, die Nutzer völlig unnötig in die App zu ziehen, daher potenziell gesundheitsschädlich und ein moralisches Problem. Seine Warnungen lösten ein gewaltiges Echo im Unternehmen aus, er wurde sogar befördert. Allerdings stellte er später fest, dass Google damit wohl vor allem schlechte PR verhindern wollte: Der Milliardenkonzern macht genau so weiter wie zuvor. Harris verließ das Unternehmen 2015.

die Weltuntergangsuhr: Je näher die Zeiger an die Zwölf, also Mitternacht, heranrücken, umso wahrscheinlicher ist nach Einschätzungen von Experten das Ende der Welt.[*]

Warum gibt es überhaupt so eine symbolische Uhr? Und was hat sie mit unserer sinkenden Aufmerksamkeitsspanne zu tun? Um das zu verstehen, müssen wir zunächst die Geschichte hinter der Weltuntergangsuhr kennen. Diese Uhr hat man sich nicht irgendwann einfach so zum Spaß ausgedacht, sondern das Ganze hat einen sehr ernsten Hintergrund. Dass sie ihren Ursprung ausgerechnet in den 40er-Jahren hat, ist nämlich kein Zufall: Zu dieser Zeit werden die ersten Atombomben gezündet. Ihre Zerstörungskraft ist so gewaltig, dass Wissenschaftlern klar wird, einen historischen Wendepunkt erreicht zu haben. Zum ersten Mal ist die Menschheit in der Lage, sich theoretisch selbst auszulöschen. Durch den Bau von Atombomben hat man nämlich den Atomkrieg gleich miterfunden. Wenn sich feindliche Nationen gegenseitig mit Atombomben angreifen würden, könnten die Schäden so gewaltig sein, dass am Ende buchstäblich die ganze Welt in Schutt und Asche läge. Durch den Einsatz all unserer Atomwaffen würde auf dem Planeten so viel Ruß aufgewirbelt, dass die entstehende Staubdecke sich über den gesamten Erdball verteilen würde. Wer zuvor nicht in den Explosionen an sich umgekommen ist, würde anschließend erfrieren oder verhungern, denn das Sonnenlicht erreichte kaum noch den Boden. Landwirt-

---

[*] Genauer gesagt zeigt die Uhr nicht das Ende der Welt, sondern das Ende von uns Menschen an – denn die Erde wird sich noch lange weiterdrehen, nachdem wir eines Tages nicht mehr hier sein werden! Die Natur hält es auch ganz gut ohne uns aus.

schaft würde unmöglich werden. Und dann wäre da natürlich noch die tödliche Strahlung … Es ist ein albtraumhaftes Szenario, aber eines, das der Mensch technisch selbst möglich gemacht hat.

Konfrontiert mit dieser völlig neuen Bedrohungslage, erschafft das *Bulletin of the Atomic Scientists (BAS)*, das Magazin einer wissenschaftlichen Non-Profit-Organisation aus den USA, die erwähnte Weltuntergangsuhr. Das leicht verständliche Konzept eines tickenden Countdowns soll einer breiten Öffentlichkeit klarmachen, wie gefährlich der Mensch für sich selbst wird. Anfangs noch als Warnsystem für die atomare Bedrohung gedacht, wird später auch der Klimawandel berücksichtigt – durch die Erderwärmung könnten schließlich weite Teile des Planeten unbewohnbar werden und die Nahrungsmittelproduktion, wie wir sie kennen, durch versalzenes Grundwasser und unfruchtbare Böden zusammenbrechen. Über solche Gefahren berät man also beim BAS; dort spricht man unmissverständlich von »zivilisationsbeendenden Szenarien«. Die Organisation ist bis heute für ihre viel beachteten Risikoeinschätzungen bekannt. Die Entscheidung, wie spät es auf der Weltuntergangsuhr ist, wird von zahlreichen renommierten Wissenschaftlern erarbeitet, darunter mehr als einem Dutzend Nobelpreisträger.

So viel zur Bedeutung dieser Uhr und ihrem todernsten Entstehungshintergrund. Seit Jahrzehnten ist sie eines der wichtigsten Frühwarnsysteme, das wir haben. Im Jahr 2020 entscheiden sich die klugen Köpfe, die hinter der Uhr stecken, neben Atomkrieg und Klimawandel eine dritte, fundamentale Bedrohung der Menschheit in ihre Analyse aufzunehmen: die überraschend schnell zunehmende Dummheit auf der Welt bzw. die Unfähigkeit der Menschen, Gefahren ernst zu nehmen und entsprechend zu handeln.

Eine völlig neue Situation entsteht: **Im Jahr 2020 erreicht die Weltuntergangsuhr den kritischsten Wert aller Zeiten: 100 Sekunden vor Mitternacht.** Selbst in der Hochphase des Kalten Krieges, als USA und Sowjetunion ihre Atomwaffen aufeinander richteten, wurde das Risiko einer globalen Katastrophe nicht so hoch eingeschätzt. Laut der Analyse des BAS erleben wir »die gefährlichste Lage, in der sich die Menschheit jemals befand.«

Wie bitte? *So* gefährlich? Und das alles nur, weil wir ein bisschen verblöden? Im ersten Moment mag das für einige wie ein Witz klingen, aber die Begründung der Wissenschaftler ist tatsächlich einleuchtend. Die Forscher zeigen sich besorgt darüber, dass führende Politiker immer häufiger sachliche Informationen als *Fake News* herunterspielen, sobald sie nicht ihrer eigenen Agenda entsprechen. Rechtspopulistische Regierungschefs wie Donald Trump (USA), Boris Johnson (Großbritannien) oder Jair Bolsonaro (Brasilien) sind berüchtigt für ihre irrwitzigen Tatsachenverdrehungen und schamlosen Lügen. Wenn Journalisten sie bei korrupten Geschäften erwischen, werden sie als »Feinde des Volkes« verleumdet. Wenn Wissenschaftler ihrer klimaschädlichen Politik widersprechen, werden ihre Forschungsgelder gestrichen. Wenn Richter nicht nach ihrer Pfeife tanzen, werden sie ersetzt.

Legendär ist bereits heute der Begriff der »alternativen Fakten«, mit denen 2017 eine Beraterin von Donald Trump neue Lügen und Falschbehauptungen erklären will. Es gibt demnach nicht mehr neutrale, sachliche, unumstößliche Fakten, auf die sich alle einigen können. Sondern man kann Dinge eben so oder so sehen: Ich kann etwa sagen, die Erde dreht sich um die Sonne, du kannst sagen, die Sonne dreht sich um die Erde. Ist doch egal! Alles kann, nichts muss! Das ist das Niveau, auf dem Politiker wie Trump operieren. Alles ist nur noch Ansichtssache, es gibt keine Wahrheiten mehr. Es wird systematisch das gemeinsame Fundament abgebaut, auf dessen Grundlage man ernsthafte Gespräche und Verhandlungen führen könnte. Aus diesem Grund gehören Medien und Schulen auch stets zu den ersten Angriffszielen autokratischer Politiker, weil die Bevölkerung vor allem hier lernt, kritisch und selbstständig zu denken. Doch genau das soll verhindert werden.

Dahinter steckt strategisches Kalkül. Eine sachliche Auseinandersetzung über Klimaschutz könnten wissenschaftsfeindliche Politiker nicht gewinnen, sodass ihr einziger Weg zum Sieg darin besteht, das Gespräch an sich zu zerstören. »Wenn du nicht magst, wie der Tisch gedeckt ist, wirf den Tisch um« – dieser berühmte Spruch bringt auf den Punkt, wie heute leider viel zu oft Politik gemacht wird. Statt über Fakten zu sprechen, ergeht man sich in Nebensächlichkeiten, Ablenkungen, künstlichen Skandalen oder entzieht der gesamten Diskussion die objektive Basis, indem man Tatsachen leugnet. Rechtspopulisten verschieben so gezielt den Fokus. Sie wollen bei Problemen nicht mehr über Lösungen sprechen. Es geht bei ihnen nicht mehr darum, *was* getan werden muss, sondern *wer* angeblich schuld an der Misere ist. Auf diese Weise entsteht eine Politik, die nicht auf neuen

Ideen, sondern auf alten Feindbildern aufbaut. Es gibt Kriminalität? Wir könnten aus sozioökonomischer Perspektive sicher viele lehrreiche Erklärungen und damit verbundene Lösungsansätze für dieses Problem entdecken oder aber wir behaupten einfach: »Ausländer sind kriminell!« Egal, ob es wahr ist oder nicht, wen interessiert das schon? Das verstehen die Wähler leichter und es bringt Gesprächsstoff für den Wahlkampf! Also: »Alle abschieben, keinen mehr reinlassen, Mauer bauen!«

Viele erfolgreiche Politiker scheren sich einen Dreck um die Wahrheit.* Sie verbreiten »Unwahrheiten, Übertreibungen und Falschdarstellungen«, urteilt das BAS. Es herrscht oftmals schlicht kein Interesse mehr an Tatsachen. Stattdessen flüchtet man sich in bequeme Lügen, mit denen die Wähler selbst in offensichtlichen Krisenzeiten davon überzeugt werden sollen, dass eigentlich alles total super laufe. Solche Strategien sind zwar alles andere als neu, aber den Forschern zufolge habe sich die Entwicklung gefährlich »beschleunigt«. Skrupellose Lügner an der Macht würden gezielt Einrichtungen angreifen, die bislang verlässlich für »Stabilität und Zusammenhalt« gesorgt haben. Zu den Lieblingsfeinden gehören dabei etwa Gewerkschaften, Hilfsorganisationen, unabhängige Justizbehörden und die gesamte freie Presse.

Neu ist vor allem: Politiker, die derart schamlos und offen Lügen verbreiten, hätten bis vor wenigen Jahren bei Wahlen kaum Chancen gehabt. Doch das hat sich dramatisch geändert. Es spielt für viele Wähler heute praktisch

---

* »Erfolgreich« meint hier *bei Wahlen* erfolgreich. Wie positiv ihr Wirken tatsächlich für ihre Nation und die jeweilige Bevölkerung ist, ist dann nochmal eine ganz andere Frage.

keine Rolle, wie offensichtlich falsch der Unsinn ist, den so mancher Spitzenpolitiker von sich gibt. Die Menschen erkennen es einfach nicht mehr. Sie verlieren die Fähigkeit, Lüge und Wahrheit voneinander zu unterscheiden. Genau darauf arbeiten Rechtspopulisten hin, denn desinformierte Wähler sind ihr einziger Weg an die Macht.

Das kennen wir auch aus Deutschland: Die AfD behauptet zum Beispiel bis heute, Merkel habe 2015 »die Grenzen geöffnet« oder unser Land sei mittlerweile »so unsicher wie nie zuvor«. Beides ist nachweislich und objektiv falsch. Weder hat Merkel die Grenzen geöffnet, noch haben wir heute mehr Straftaten als früher. Aber es ist egal, dass es nicht wahr ist. Man wirft einfach irgendwelche Behauptungen in den Raum und vertraut darauf, dass die Leute das schlucken – »Na ja, wird schon keiner überprüfen, lol«. Und sie haben recht damit. Viele ihrer Wähler interessiert die Richtigkeit ihrer Aussagen null Komma gar nicht. Sie treffen stattdessen einen simplen Nerv, der da lautet: »Muslime böse«, »Ausländer raus«. Das reicht völlig. Die Strategie dahinter ist bekannt: Den Wählern simple Feindbilder füttern, statt komplexe Lösungen anbieten. Barbarisches Stammesdenken wird gefördert, es geht um »wir« gegen »die«, Muslime gegen Christen, Schwarze gegen Weiße, Ausländer gegen Deutsche. Wer seine Politik so verkauft, braucht sich bei seinen Anhängern keine Sorgen machen, dass ihm falsche Behauptungen schaden. Es geht dann nämlich nur noch darum, auf welcher Seite man steht, nicht, was diese Seite eigentlich tut. Man muss zusammenhalten gegen den Feind, um jeden Preis. Ein permanenter Krisen- und Kampfmodus.

Hier erkennt das BAS auch den entscheidenden Punkt, der es dazu bewegt, das Ende der Menschheit so nah wie noch nie einzuschätzen: **Dass die Menschen sich nicht mehr auf Fakten einigen können, beraubt sie ihrer Handlungsfähigkeit.** Politiker und ihre Wähler können über den Zustand der Welt lügen, so viel sie wollen, doch das ändert nichts an den Tatsachen. Man kann den Klimawandel etwa nicht bekämpfen, wenn man nicht glaubt, dass es ihn gibt. Genau so wenig kann man die Verbreitung von Krankheiten eindämmen, wenn man leugnet, dass die Krankheit überhaupt existiert. Die für die Weltuntergangsuhr verantwortlichen Wissenschaftler warnen daher, der »Informationskrieg von Staaten, Politikern und einer Vielzahl regionaler Gruppen auf der ganzen Welt verschlimmert diese enormen Bedrohungen und gefährdet das Informationsökosystem, auf dem Demokratie und Zivilisation, wie wir sie kennen, aufbauen«. Und weiter: »Das Resultat ist ein erhöhtes und zunehmendes Katastrophenrisiko.«

Kurz gesagt: Wir werden zu dumm zum Überleben.

»Aufgrund der Entwicklung, dass Staaten weltweit zunehmend unfähig werden, mit globalen Bedrohungen umzugehen, sehen wir uns gezwungen, die Zeiger der Weltuntergangsuhr weiter vorzurücken. Sofortmaßnahmen sind dringend notwendig«, so das BAS.

Das wohl beste (und gleichzeitig erschreckendste) Beispiel aus der Praxis dafür, wie gefährlich diese Entwicklung ist, liefert 2020 die Corona-Pandemie. Staaten, die von Rechtspopulisten regiert werden, weisen eine verheerende Bilanz auf: Die USA, Großbritannien und Brasilien gehören zu den mit Abstand am schlimmsten betroffenen Nationen der Welt. Ihre Präsidenten leugnen die Krise, spielen sie herunter und reagieren viel zu spät. Sie stecken sich selbst mit der Krankheit an. Ihr Missmanagement ist eine derartige Katastrophe, dass Hunderttausende sterben. Ihre informations- und wissenschaftsfeindliche Regierungsarbeit endet im Desaster.

Das Zerstörungspotenzial dieser angeprangerten Unfähigkeit ist gewaltig. Richtig gefährlich wird es, wenn Politiker dieser Art den Kampf gegen den Klimawandel torpedieren. Auch hier sorgen Lügen, Profitgier und gute alte Dummheit bereits für langfristig tödliche Risiken: Trump kündigt das Pariser Klimaabkommen (dem sein Nachfolger Biden zum Glück wieder beitreten will), Bolsonaro gibt in Brasilien große Teile des für das Weltklima elementar wichtigen Amazonas-Regenwaldes zur Abholzung frei und in Deutschland fordert die AfD in ihrem Grundsatzprogramm, das bahnbrechende Erneuerbare-Energien-Gesetz (EEG) »ersatzlos abzuschaffen« – also ausgerechnet jenes Gesetz, das den wichtigen rechtlichen Rahmen für Deutschlands Umstieg von klimaschädlichen Brennstoffen hin zu erneuerbaren Energien schafft. Kann dann mal weg. Ersatzlos.

»Die Zusammenarbeit mit anderen Ländern gegen die Erderwärmung beenden? Gerne! Den Regenwald abholzen? Klaro! Klimaschutzgesetze abschaffen? Ja, warum denn nicht?!« – es müssen genau solche haarsträubend dämlichen Ideen sein, die zu folgender vernichtenden Formulierung des BAS führen: »Wir rücken die Uhr deshalb Richtung Mitternacht, weil die Mittel und Wege, mit denen politische Anführer bislang potenziell zivilisationsbeendenden Gefahren begegneten, abgebaut oder ausgehöhlt werden; und zwar ohne eine realistische Bemühung sie durch neue oder bessere Systeme zu ersetzen.«

Ich fasse zusammen: Die Herausforderungen, vor denen die Menschheit steht, werden nicht zwingend größer, doch unsere Fähigkeit, mit ihnen umzugehen, nimmt rapide ab. Das ist der wichtige Unterschied, der alles verändert. Als Vergleich braucht man sich nur anzuschauen, wie die Welt im vergangenen Jahrhundert auf konkrete Warnungen von Wissenschaftlern reagierte. Noch bis in die 90er-Jahre verwendete die Industrie sogenannte Fluorchlorkohlenwasserstoffe (FCKW). Diese künstlich hergestellten Gase steckten früher in unzähligen Produkten, von der Haarspraydose bis zum Kühlschrank. Nachdem Klimaforscher Alarm schlugen, dass der Einsatz dieser Gase auf bedrohliche Weise die Ozonschicht der Erde angreift, einigten sich alle 197 Staaten der Vereinten Nationen darauf, den Einsatz von FCKW in Zukunft zu verbieten. Das Ergebnis: Das gefährlich große Ozonloch in unserer Atmosphäre wurde wieder kleiner und erreichte 2019 die geringste Größe seit rund 30 Jahren. Ein fantastischer Erfolg!

Solch ein vereintes und entschlossenes Handeln (über Partei- und Ländergrenzen hinweg) erscheint in der heutigen politischen Landschaft undenkbar.

Obwohl der Klimawandel mittlerweile noch schneller voranschreitet, als er von vielen Wissenschaftlern ohnehin vorhergesagt wurde, sperren sich weltweit führende Politiker gegen notwendige Schutzmaßnahmen. In der Corona-Pandemie gab es kein international abgestimmtes Vorgehen, sondern einen geradezu wahnwitzigen Flickenteppich von Maßnahmen und Regeln, bei dem niemand mehr durchblickte. Und sogar bei den Atom-waffen müssen Sicherheitsexperten heute fassungslos mitansehen, wie ehemals wegweisende Abrüstungsab-kommen plötzlich wieder als ungültig deklariert werden. Die gewaltigen Fortschritte der Vergangenheit lösen sich vor unseren Augen in Luft auf. In entscheidenden Fragen geht es nicht nach vorn, sondern zurück.

Wie kann das sein? Müssten wir es nicht besser wissen? Allein durch unsere globale Vernetzung, durch die bahnbrechende Digitalisierung, die für uns alltäglich geworden ist: Das Internet stellt immerhin die größte Ansammlung von Informationen zur Verfügung, die der Mensch je geschaffen hat. In den frühen Tagen des Netzes herrschte die Hoffnung, dass die neue Technologie zu einer nie gekannten Verbreitung von Wissen beitragen und unfreie Gesellschaften demokratisieren könnte. Doch heute erleben wir viel zu oft das genaue Gegenteil: *Fake News* verbreiten sich um ein Vielfaches schneller als echte Nachrichten* und Diktatoren kommen durch das Internet nicht zu Fall, sondern setzen es selbst als Waffe ein, um die Opposition zu unterdrücken. Und die Masse der Nutzer bewegt sich online nicht im endlosen Angebot vieler, kleiner Nischenanbieter, sondern wechselt im Grunde nur noch zwischen ein paar wenigen Apps von einer Handvoll Milliardenkonzerne. Was auch immer sich die optimistischen Internet-Aktivisten früherer Tage erhofft haben – fast in jeder Hinsicht liegen ihre Träume heute in Trümmern. Das Netz ist mittlerweile in

---

* Das ist übrigens nicht nur gefühlt so: Forscher des Massachusetts Institute of Technology (MIT) können 2018 belegen, dass sich Falschnachrichten im Netz sechs Mal schneller verbreiten als echte Nachrichten.

weiten Teilen keine Maschine, die Wissen verbreitet und Demokratie fördert, sondern eine *Fake-News*-Schleuder, die zu Verblödung führt und die Macht von Autokraten sichert.

Verantwortungslose politische Kräfte nutzen die Schwachstellen der sozialen Netzwerke dafür, ihre Anhänger zu radikalisieren und die Gesellschaft zu spalten. Sie sorgen dafür, dass sich Staaten heute weniger als Partner, sondern wieder stärker als Konkurrenten betrachten. Anstatt fortschrittliche Konzepte zu entwerfen, was man durch internationale Zusammenarbeit alles gemeinsam erreichen könnte, geht es vermehrt darum, andere Länder zu »schlagen« und gegen sie zu »gewinnen«. Machthungrige Populisten bringen unterschiedliche Nationen wie auf einem Schachbrett gegeneinander in Stellung. Sie reißen leichtsinnig die kostbaren Brücken zwischen den Völkern ein, die zuvor jahrzehntelang mühsam aufgebaut wurden. Und ihre Wähler bejubeln sie noch dafür, weil sie nicht mehr im Stande sind zu durchschauen, dass nicht sie selbst oder ihr Land von dieser Art der Politik profitieren, sondern einzig und allein die politischen Hetzer, die durch Lügen und Manipulationen ihre Macht absichern.

Natürlich ist das himmelschreiend dumm, gefährlich und im höchsten Maße destruktiv. Doch es ist die logische Konsequenz einer niederträchtigen Politik, die einzig durch Feindbilder funktioniert. Leider ist sie sehr erfolgreich. Und eine weiter sinkende Aufmerksamkeitsspanne könnte diesen Trend sogar noch beschleunigen. Es ist eine beängstigende Entwicklung – und die Tatsache, dass sie sich nicht nur in Deutschland abspielt, sondern auf der ganzen Welt, ist nicht tröstend, sondern alarmierend!

Wir dürfen uns nicht beschweren, dass wir von nichts wussten oder dass uns niemand gewarnt hätte. Eine Menge Leute haben das Unglück kommen sehen. Viele erfahrene, kluge Menschen kämpfen noch immer darum, uns die Tragweite der Gefahr bewusst zu machen, die von uns selbst ausgeht, wenn wir aufhören, unser Denkvermögen zu nutzen und Dinge kritisch zu hinterfragen. Wir müssen nur endlich zuhören, verdammt noch mal.

Die Uhr tickt.

5 FÜR IMMER KRIEG

»Die Einheit Europas war ein Traum weniger.
Sie wurde eine Hoffnung für viele.
Sie ist heute eine Notwendigkeit für alle.«

Konrad Adenauer

Eine unerhörte Idee

Ich weiß nicht, ob es euch aufgefallen ist. Aber in Deutschland – und Europa – erleben wir gerade eine sehr, sehr ungewöhnliche Zeit. Achtet mal drauf: Ist euch heute Morgen beim Kaffee trinken ein Panzer über den Fuß gefahren? Nein? Hm, mir auch nicht. Haben beim Einkaufen am Wochenende tieffliegende Kampfjets Raketen auf euch abgefeuert? Ist mir ebenfalls nicht passiert. Wann genau seid ihr nachts beim Gang auf die Toilette das letzte Mal aus Versehen auf eine Mine getreten? Tja, ich kann mich auch nicht mehr erinnern.

Für europäische Verhältnisse ist das tatsächlich äußerst untypisch. Es mag einigen nicht bewusst sein, aber wir erleben in Europa gerade eine historische Ausnahmesituation. Genauer gesagt: **Wir befinden uns in der längsten ununterbrochenen Friedenszeit, die unser Kontinent jemals erlebt hat.** Jahrtausendelang haben sich die europäischen Völker quasi durchgehend gegenseitig überfallen. Krieg hier, Krieg dort. Irgendwo um die Ecke meuchelten sich bei uns eigentlich immer gerade ein paar Armeen durch den Tag. Anstrengend.

Die Geschichte Europas ist mit Blut geschrieben, und nachdem man sich im vergangenen Jahrhundert durch die besonders engagierten Deutschen sogar von Kriegen zu *Weltkriegen* gesteigert hat, versucht man in den 1950er-Jahren endlich mal etwas Neues. Man stellt fest: Alles klar, Europa ist kompliziert. Hier hocken so viele unterschiedliche Menschen auf einem Fleck; es gibt so viele verschiedene Kulturen, Religionen, Bräuche, Wertvorstellungen, und als ob das nicht genug wäre, spricht man auch noch alle paar hundert Kilometer eine andere Sprache. Es gibt kaum ein Gemeinschaftsgefühl, stattdessen eine ewige Konkurrenz der Nationen um die Vorherrschaft auf dem Kontinent.

Nun ist zwar auch damals schon der Spruch »Konkurrenz belebt das Geschäft« durchaus richtig – aber wenn das Geschäft ausgerechnet »Krieg« heißt, sollte man auf eine Belebung desselben vielleicht doch eher verzichten. Zumindest kommen einige Politiker nach dem Zweiten Weltkrieg, der mit unermesslichem Leid und vielen, vielen Millionen Toten einherging, auf eine damals revolutionäre Idee: Wie wäre es eigentlich, wenn man sich in Europa zur Abwechslung mal nicht gegenseitig umbringen, sondern unterstützen würde? Könnte man ja mal probieren, so auf ganz crazy.

Zu dieser Zeit ist ein derartiges Gedankenspiel natürlich für viele kompletter Müll. Konkurrierende Nationen sollen auf einmal zusammenarbeiten und gemeinsam an einem Strang ziehen? Erzfeinde sollen sich die Hände reichen? Also, klar kann man durch Teamwork bestimmt viel erreichen und mehr Wohlstand schaffen – aber wir können uns doch auch einfach wieder mit unseren Armeen überfallen und den Wohlstand klauen? Haben wir doch immer so gemacht!

Glücklicherweise hört man nicht auf diese Stimmen und gibt dem damals beispiellosen Vorhaben eine Chance. Nur ein halbes Dutzend Staaten gründen 1950 zunächst die Europäische Gemeinschaft für Kohle und Stahl und wenige Jahre später, 1957, die Europäische Wirtschaftsgemeinschaft. Das Ziel: Zusammenarbeiten, statt gegeneinander. Und tatsächlich: Das unverschämt moderne Projekt ist erfolgreich. Mehr und mehr Staaten schließen sich mit der Zeit an. In jahrzehntelanger Arbeit entsteht aus diesen wegweisenden Vorläufern schließlich die Europäische Union, der einzigartige Staatenbund, in dem wir heute leben.

Europa schafft, was anfangs kaum jemand für möglich hält: Es verlässt den Weg der barbarischen Gewalt und endlosen Kriege untereinander. Statt sich gegenseitig zu bestehlen und zu bekämpfen, legt man zusammen und bündelt Ressourcen. Die Nationen öffnen Grenzen und Herzen. Ehemalige Todfeinde reichen sich die Hände und bauen gemeinsam an einer besseren Zukunft. Das Ergebnis übertrifft alle Erwartungen: Der Kontinent ist keine tödliche Arena mehr, dessen Staaten ihre Waffen gegeneinander richten. Nein, Europa hält nun endlich zusammen, und wird neben China und den USA zur dritten Supermacht auf dem Planeten.*

---

* Ich weiß, ich weiß: Auch Russland hält sich selbst immer noch für eine Supermacht (was es früher ja auch tatsächlich einmal als UdSSR war). Aber dieser Status bezieht sich heute hauptsächlich auf den Besitz seiner alten Atomwaffen, die schon vor Jahrzehnten während der Sowjetzeit zusammengeschraubt wurden. Abgesehen vom Nukleararsenal bleibt vom Weltmachtanspruch nicht mehr viel übrig: Russland leidet unter einer hochkorrupten Wirtschaft und einer Kreditwürdigkeit knapp über Ramschniveau. Es ist flächenmäßig zwar das größte, aber auch eines der »leersten« Länder der Welt: Obwohl der russische Rie-

Es ist eine Entwicklung mit Ausrufezeichen. Global betrachtet, ist jeder einzelne Staat Europas an sich relativ klein. Gemeinsam aber katapultieren sich die kleinen europäischen Länder in ungeahnte Höhen: **Als Europäische Union schaffen sie den größten gemeinsamen Wirtschaftsraum der Welt.** Der Wohlstand wächst; die Beziehungen zwischen den Ländern werden so eng, dass neue Kriege immer unwahrscheinlicher werden. Was früher nur eine Frage der Zeit gewesen wäre, scheint in der neuen Ära geradezu absurd: Warum sollte Deutschland bitte Frankreich überfallen? Die Franzosen sind in Europa die wichtigsten Handelspartner der Deutschen! Die Geschäfte laufen glänzend, alle profitieren! Spanien angreifen? Bloß nicht, das ist doch unser beliebtestes Urlaubsland! Wenn wir das noch mal mit Kampfflugzeugen bombardieren, wie zuletzt in den 1930er-Jahren, dann war's das für uns aber mit Mallorca!

---

senstaat rund viermal so groß ist, wie die EU, leben in ganz Russland weniger Einwohner als in Deutschland und Frankreich – und das sind nur zwei von insgesamt 27 EU-Mitgliedsstaaten! Und während andere Nationen wachsen und Menschen aus aller Welt anziehen, schrumpft der russische Staat sogar noch: Allein seit der Jahrtausendwende hat er rund zwei Millionen Einwohner *verloren*. Die OECD bescheinigt Russland beinahe durch die Bank weg »unterdurchschnittliche Ergebnisse« beim Lebensstandard; angefangen vom geringen Einkommen der meisten Haushalte bis hin zur deprimierend niedrigen Lebenserwartung. Was dem Ganzen die Krone aufsetzt: die politische Führung des Landes, die eher an eine Bananenrepublik erinnert, als an eine Supermacht. Putin hält sich durch Postentricksereien praktisch auf Lebenszeit im Amt und wird international mittlerweile ungefähr so ernst genommen wie ein mittelmäßiger afrikanischer Diktator aus den 90er-Jahren. Es ist ein Trauerspiel: Dieses stolze und große Land kann sein Potenzial nicht entfalten. Die Bevölkerung wird von gierigen Politikern und Oligarchen ausgenommen. Völlig richtig hielt 2014 schon US-Präsident Barack Obama fest, dass Russland heute keine Supermacht mehr sei, sondern lediglich eine »Regionalmacht«.

Völlig abgesehen von der allerwichtigsten Einsicht – dass Krieg grundsätzlich falsch ist und Menschenleben geschützt werden müssen – würden neue Kämpfe in Europa allein aus finanzieller Sicht keinen Sinn machen. Die Wirtschaft der einzelnen Länder ist so eng miteinander verzahnt und aufeinander angewiesen, dass ein Krieg mehr sichere Verluste als mögliche Gewinne bedeuten würde. Ein Angriff »von innen« ist demnach so gut wie ausgeschlossen. Aber auch vor Gefahren »von außen« bietet der Zusammenschluss wirksamen Schutz. Hierzu gibt es den sogenannten EU-Bündnisfall, den die Mitgliedsstaaten miteinander vereinbart haben. Er besagt: Wird ein Land der EU angegriffen, werden die anderen Länder ihm helfen.[*] Ein abschreckender Mechanismus, der potenziellen Aggressoren schnell die Grenzen aufzeigt. Denn wer sich mit einem Staat anlegt, muss damit rechnen, es anschließend mit dem gesamten EU-Block aufnehmen zu müssen; darunter die Atommacht Frankreich.

Wie wichtig dieser Schutz auch heute noch ist, zeigt sich besonders deutlich 2014 bei der russischen Beset-

---

[*] Für die neugierigen Juristen unter den Lesern: Der EU-Bündnisfall findet sich im siebten Absatz von Artikel 42 des Vertrags über die Europäische Union. Der deutsche Wortlaut ist: »Im Falle eines bewaffneten Angriffs auf das Hoheitsgebiet eines Mitgliedstaats schulden die anderen Mitgliedstaaten ihm alle in ihrer Macht stehende Hilfe und Unterstützung.« Diese Sicherheitsmaßnahme ähnelt sehr stark dem NATO-Bündnisfall, der vielen Bürgern bekannter sein dürfte. Die NATO (North Atlantic Treaty Organisation) ist das größte Militärbündnis der Welt und auch hier bedeutet der Bündnisfall, dass die anderen Mitgliedsländer zur Hilfe eilen, sobald ein Mitglied angegriffen wird. Allerdings sind nicht alle EU-Staaten Teil der NATO. Mit dem eigenen Bündnisfall sorgt die EU dafür, dass der militärische Schutz für alle Mitglieder gilt.

zung der Krim, einer strategisch wichtigen Halbinsel in der Ukraine. Russland brach damals kaltschnäuzig das Völkerrecht und beansprucht das Gebiet seither für sich. Der ukrainische Staat verlor somit Tausende Quadratkilometer seiner Fläche sowie mehr als zwei Millionen Einwohner. Für das Land eine Katastrophe, von der es sich bis heute nicht erholt hat. Viel zu befürchten hatte der russische Präsident Putin dabei nicht: Die Ukraine ist kein EU-Mitglied. Wäre sie es gewesen, hätte Putin die Besetzung wohl nie gewagt. In jedem Fall hätte die Geschichte einen völlig anderen Lauf genommen.

Der tragische Fall der Krim zeigt, dass unsere Welt leider nach wie vor nicht so friedlich ist, wie wir es gerne hätten. Innerhalb der EU mögen wir uns daran gewöhnt haben, dass unterschiedliche Nationen gute Nachbarn sein und in Frieden koexistieren können. Doch anderswo warten bis heute machthungrige Kriegstreiber nur auf einen Moment der Schwäche, um zuzuschlagen. Das beschränkt sich nicht nur auf Russland, sondern zeigt sich überall auf der Welt. In Syrien nutzt Erdogan die Macht des türkischen Militärs, um völkerrechtswidrig ganze Landstriche unter seine Kontrolle zu bringen. Im Südchinesischen Meer beansprucht China mittlerweile alles für sich, was wertvoll sein könnte, reiche Fischgründe, Öl- oder Gasvorkommen. Wenn die hochgerüstete Weltmacht potenziell wertvolle Gebiete zur chinesischen Zone erklärt, können sich andere Staaten der Region (wie etwa Vietnam oder die Philippinen) hinten anstellen. Von den unzähligen Angriffen und Kriegsverbrechen der USA im Nahen Osten will ich gar nicht erst anfangen. Entgegen unserer persönlichen Moral- und Idealvorstellungen herrscht in weiten Teilen des Planeten weiterhin vorrangig das Recht des Stärkeren. Internationale Abkommen und Friedensverträge halten oftmals genau so lange, bis ein Staat ausreichend Feuerkraft aufgebaut hat, um dem anderen seinen Willen aufzuzwingen. Für die europäischen Staaten ist es in dieser Lage nicht nur ratsam, sondern vielmehr notwendig, sich zu ihrem eigenen Schutz zur Europäischen Union zu verbünden. Nur gemeinsam sind sie stark genug, nicht in den Interessenkonflikten anderer Mächte zerrieben zu werden.

Frieden durch Zusammenarbeit: Aus heutiger Sicht mag dieses Konzept auf der Hand liegen, doch dass wir es tatsächlich realisiert haben und bei der EU angekommen sind, ist nicht weniger als ein historisches Wunder. Für uns ist es Alltag, wir kennen es nicht anders. Doch man darf nicht vergessen: Nichts davon ist selbstverständlich. Wir leben den Traum, den sich Generationen vor uns nur in ihrer Fantasie ausmalen konnten: ein vereintes, friedliches, sicheres Europa.

Von dieser Erfolgsgeschichte profitieren nicht nur wir selbst, sondern auch andere. **Die Länder der Europäischen Union sind heute die weltweit größten Geber humanitärer Hilfe.** Das betrifft sowohl den akuten Katastrophenschutz und entsprechende Nothilfen (etwa bei Erdbeben oder Überschwemmungen) als auch langfristig ausgerichtete Unterstützung ärmerer Regionen: »Mehr als die Hälfte der weltweit geleisteten Entwicklungshilfe kommt aus Europa«, so die Europäische Kommission. Allein 2018 sind es mehr als 74 Milliarden Euro. Eine gigantische Summe, die nur gemeinsam möglich ist.

Frieden auf einem ehemals kriegerischen Kontinent,

gewaltiger wirtschaftlicher Erfolg und nebenbei noch so viel übrig haben, dass man dem Rest der Welt helfen kann: Die Bilanz der EU ist spektakulär.[*]

Und getreu dem Motto »Wenn's am schönsten ist, soll man aufhören« fordern heute viele, das Ganze endlich zu zerstören.

Feindbild EU

»Es reicht! Scheiß EU! Ich lass mir doch von Brüssel nichts vorschreiben! SCHLUSS MIT DER EU-DIKTATUR!«

So oder so ähnlich klingt es leider recht häufig, wenn Deutsche heute über die Europäische Union sprechen. Anstatt Stolz (oder zumindest einen Funken Dankbarkeit) dafür zu empfinden, was die Völker Europas über Jahrzehnte gemeinsam geschaffen haben, wollen sie das weltweit bewunderte Friedensprojekt am liebsten einreißen: »Weg mit der EU!«

Durch meine Arbeit komme ich immer wieder mit überzeugten EU-Gegnern in Kontakt, entweder online oder ganz real bei politischen Veranstaltungen wie Wahl-

---

[*] Im Jahr 2012 erhält die Europäische Union für das Erreichte sogar den Friedensnobelpreis. Die Auszeichnung wird von vielen bis heute wahlweise scharf kritisiert oder müde belächelt, unter anderem aufgrund der Abschottungspolitik gegenüber Flüchtlingen. Angesichts der enormen Verdienste für den Frieden in Europa (und dem Wissen, von welcher blutigen Ausgangssituation man einst startete) halte ich persönlich die Auszeichnung jedoch für gerechtfertigt.

partys, Vorträgen oder Podiumsdiskussionen. Wenn man diese Leute fragt, was denn ihr Problem mit der EU sei, hört man meistens Folgendes: »Die EU tut nur auf demokratisch, in WAHRHEIT ist sie aber eine Diktatur!« Das ist zunächst mal kein Argument, sondern eine Behauptung.

Also frage ich weiter: »Ok, Diktatur, verstehe – aber auf welche Weise denn? Geht's auch genauer? Wie diktiert die EU konkret dein Leben, was zwingt sie dir auf oder nimmt dir weg?«

»Na ja, die mischen sich halt überall ein.«

»Ok, aber wo? Wo mischt sie sich sein?«

»Überall halt ... äh ... ach ja, Gurken! Diese Regel der EU, wie krumm eine Gurke im Supermarkt sein darf! Kennt man doch! Was mischt sich die EU da ein? Gurken-Diktatur!!!«

Dieses Beispiel bekommt man garantiert in jeder Diskussion über den angeblichen Kontrollwahn der EU zu hören. Damit soll demonstriert werden, dass sich die EU in jede noch so lächerliche Kleinigkeit einmischt. In der Tat gab es früher einmal eine entsprechende Regel: Die berühmte Verordnung (EWG) Nr. 1677/88. In ihr wurden krumme Gurken aber nicht verboten, sondern lediglich in unterschiedliche Güteklassen eingeteilt. Und ja, in der obersten Klasse (»Extra«) war es tatsächlich notwendig, dass die entsprechende Gurke »praktisch gerade« war und eine maximale Krümmung von 10 mm auf 10 cm aufwies. Jetzt kann man die Frage stellen: Ja verrückt, warum zur Hölle sollte man das machen? Warum entscheidet das nicht der Handel selbst?

Und hier kommt der Gag: Diese EU-Verordnung über

die Krümmung von Gurken *war* eine Forderung des Handels. Durch die möglichst geringe Krümmung sollte der Transport erleichtert werden: Sind die Gurken gerade, lassen sie sich leichter stapeln und der Platz in einer Kiste wird optimal genutzt. Bei lauter unterschiedlichen Formen wird dagegen aus logistischer Sicht jede Menge Transportraum verschenkt.

Doch das ist nicht der einzige Vorteil: Wenn man ein Geschäft führt, mag man Planungssicherheit. Sagen wir, du führst einen Supermarkt und du möchtest deinen Kunden gerne Gurken anbieten. Also bestellst du welche beim Bauern. Dem Bauern sagst du: »Ich brauche so und so viele Gurken für mein Geschäft. Aber bitte nur die richtig gut aussehenden, die verkaufen sich besser. Die kleinen, halb verdrehten Dinger, die schmecken genau so, weiß ich, aber die Kunden greifen halt immer nur zu den geraden, großen. Also bitte nur die, ja? Der Kunde ist König!« Der Bauer nickt verständnisvoll, sagt »kein Problem« und schickt am nächsten Tag eine Kiste mit Gurken, die aussehen wie ein Bumerang: »Also ich finde, die sind gerade.«

Hier ist das Problem: Was »gut« oder »gerade« ist kann Ansichtssache sein. Will man das aber festlegen, sodass Vertragspartner *verbindliche Standards* für ihre Geschäfte haben, muss man halt messen. Das mag einigen besonders cleveren EU-Kritikern zwar lustig vorkommen, aber diese Genauigkeit macht durchaus Sinn: Wenn man keinen hypothetischen Supermarkt hat, sondern echte Läden mit internationalen Lieferketten (wie etwa *Aldi*, *Lidl* oder *Edeka*) dann stammen große Teile des Sortiments nicht nur aus Deutschland, sondern kommen aus

Spanien, Italien, Polen etc. Eine vermeintlich lächerliche EU-Regel wie die Gurkenverordnung hat dann einen leicht nachvollziehbaren Vorteil: Statt sich europaweit mit den Lieferanten darüber zu streiten, welche Ware man will (und was man dann tatsächlich bekommt), kann man einfach sagen: »Bitte nur Güteklasse ›Extra‹.« Oder nur Güteklasse III. Oder was man halt gerne möchte. Die Hauptsache ist: Es gibt verlässliche Regeln, auf die Geschäftspartner vertrauen können – und zwar europaweit. Das stärkt den Wettbewerb, senkt die Preise und fördert den Warenaustausch.

Aber klar, alles »sinnlos« und die sind doch alle »bescheuert in Brüssel«.

Die Gurkenverordnung gibt es heute übrigens nicht mehr. Die EU schaffte sie nach einigen Jahren wieder ab – als Geste des guten Willens gegenüber ihren Kritikern. Das müsste diese Leute ja eigentlich noch mehr verwirren, dass die »EU-Diktatur« Sachen ändert, wenn Menschen sich daran stören. Eher selten in totalitären Systemen. Der Handel selbst nutzt die Regel jedoch weiterhin, obwohl er es eigentlich gar nicht müsste. Denn die angeblich total bekloppte Verordnung war geschäftlich so effizient und erfolgreich, dass man sie nach der offiziellen Abschaffung einfach übernommen hat.

Das soll nicht heißen, dass die EU immer alles richtig machen würde und man nichts kritisieren sollte. Doch durch dieses Beispiel wird hoffentlich deutlich, dass selbst Ideen, die im ersten Moment abwegig erscheinen mögen (»Eine Regel für Gurkenkrümmungen, echt jetzt?!«) nicht einfach so aus dem Nichts kommen. Es stecken viele Überlegungen dahinter und sobald man sich die Mühe macht, nach den Gründen für solche vermeintlich verrückten Regulierungen zu fragen, kann sich die Perspektive rasch ändern.

Vor einigen Jahren war ich in Berlin zu einem Hintergrundgespräch mit dem SPD-Politiker Martin Schulz eingeladen. Zu diesem Zeitpunkt war er Präsident des Europäischen Parlaments. In dieser hohen Position war er also nicht gerade das kleinste Licht im Brüsseler Politikbetrieb und wusste aus erster Hand, wie europäische Politik gestaltet wird. Gemeinsam mit anderen Gästen hatte ich die Gelegenheit, mich mit ihm über den Stand der EU auszutauschen. Als das Gespräch auf die skeptische Haltung vieler Bürger gegenüber der EU und ihrer »Regulierungswut« kam, lieferte Schulz eine ziemlich einleuchtende Erklärung dafür ab. Zumindest ist sie mir bis heute im Gedächtnis geblieben, weshalb ich sie an dieser Stelle gerne teile.

Schulz gab folgendes Beispiel: Eines schönen Tages schlägt die Europäische Kommission vor, die Toilettenspülungen in der EU neu zu regeln. Also egal, ob zu Hause, in Gaststätten oder Hotels: Künftig sollen Toiletten in Europa anders spülen als bisher. Die Reaktionen darauf seien ihm noch bestens im Gedächtnis: Die Leute spotten, ob »die da in Brüssel« jetzt endgültig den Verstand verloren haben, nach dem Motto: »Jetzt verfolgen einen die EU-Bürokraten schon bis aufs Klo. Raus aus unseren Badezimmern! Geht ja wohl gar nicht, was erlauben die sich?!«

Ähnlich wie die berüchtigte Gurkenverordnung scheint auch der neue Toilettenvorschlag zunächst wie ein Paradebeispiel für unsinnige Überregulierungen. Erdacht von realitätsfernen Politikern, die den Normalbürgern offenbar gar nicht genug auf die Pelle rücken können. Die Ablehnung und Häme in der Bevölkerung sind jedenfalls gewaltig.

Nun kommt aber der Dreh: Schulz erklärte, niemand in der EU habe sich gezielt vorgenommen, dass man jetzt einfach mal aus Prinzip bei Toiletten was machen müsse. Der Grund sei ein völlig anderer. Man habe schlichtweg festgestellt, dass in den Mitgliedsstaaten zu viel Wasser verbraucht werde.

Hier geht es los: Ein Problem wird erkannt. Was macht man nun? Die Politik versucht, eine Lösung zu finden, und zwar eine, die möglichst viele Dinge gleichzeitig schafft: Sie soll umweltverträglich sein, die Wasserversorgung nicht gefährden, die Landwirtschaft und Industrie nicht belasten und auch die Bürger nicht einschränken. Außerdem sollen die Maßnahmen nicht ewig auf sich warten lassen, sondern so schnell wie möglich wirksam werden. Und, ach ja, wenn es am Ende des Tages nicht allzu viel Geld kostet, wäre das natürlich auch super.

Ganz schön viele Dinge, die man berücksichtigen will. Auf den ersten Blick keine leichte Aufgabe. Doch irgendwann entwickelt sich folgender Gedankengang: Moment mal! Jeder benutzt doch eine Toilette. Wie viel Wasser verbraucht eine Toilette in der EU durchschnittlich pro Spülgang? Sechs Liter. Funktionieren die Toiletten auch noch, wenn sie stattdessen mit fünf Litern spülen? Es stellt sich heraus: Ja, tun sie. Geht man nun großzügig davon aus, dass jeder der rund 500 Millionen EU-Bürger nur *ein einziges Mal am Tag* die Toilette nutzt bzw. spült, ergeben sich so bereits rechnerische Einsparungen von

500 Millionen Litern Wasser täglich – sofern man einfach mit fünf Litern, statt sechs Litern spült.

Ja, nice: Riesige Mengen Wasser können gespart werden, es schränkt niemanden ein und letztlich können sich alle durch einen niedrigeren Verbrauch sogar noch über niedrigere Wasserkosten freuen! Und ganz ehrlich: Ob die Toilette jetzt mit fünf oder sechs Litern spült, das merkt man doch selbst zu null Prozent. Also insgesamt, liebe Kollegen: Spitzenidee, Glückwunsch uns allen! Geniale Lösung, die Bürger werden zufrieden sein! Aber was kommt bei den Leuten an? –

»EU raus aus unseren Badezimmern!! Jetzt kommen die schon mit aufs Klo!!! Toiletten-Diktatur!!«

Diese Beschreibung eines typischen Ablaufes politischer Denkarbeit soll dabei helfen, die Arbeit der EU besser zu verstehen. Es geht nicht darum, aus Prinzip die Bevölkerung zu nerven. Stattdessen identifiziert man im ersten Schritt die Probleme und arbeitet davon ausgehend im zweiten Schritt Lösungsansätze aus. Auf diesem Weg landet man dann bei regulierten Toilettenspülungen – nicht, weil einem gerade langweilig ist, sondern weil man nach einem Weg sucht, um Wasser zu sparen. Oder man misst Gurken – nicht, weil das so furchtbar spannend wäre, sondern um dem Handel neue Möglichkeiten zu eröffnen.

Noch einmal, weil es so wichtig ist: Nein, die EU macht nicht alles richtig und ja, man darf und soll auch Kritik üben. Ich selbst bin mit vielen Dingen, die in Brüssel beschlossen werden, äußerst unzufrieden – wie auch mit vielen Entscheidungen im Bundestag oder dem Weißen Haus. Aber das ist Politik: Manche Ideen passen einem, andere nicht. Mal setzt sich die eine Partei durch, mal die andere. Ich kann nicht erwarten, dass alle Abgeordneten eines Parlamentes durchgehend genau so abstimmen, wie ich das persönlich tun würde. Wer das von einer demokratischen Institution einfordert, hat Demokratie an sich nicht verstanden. Und wer sich wünscht, dass gleich die komplette EU abgeschafft wird, weil er mit einzelnen Regeln nicht einverstanden ist, will auch seinen Supermarkt abreißen lassen, wenn ihm eine Gurke zu krumm ist.

Alternative für Europa

Sich über die EU aufzuregen, ist in Deutschland ein regelrechter Volkssport. Auch in unserer politischen Landschaft lässt sich das verstärkt beobachten. Besonders laut pöbelt hier, wenig überraschend, die AfD. **Sobald es um die EU geht, hagelt es kübelweise Spott und Beleidigungen; sie ist eines der liebsten Angriffsziele der rechten Partei.** Der friedliche Zusammenschluss der europäischen Länder in Form der EU ist ihnen ein Dorn im Auge.

Man spricht von der Brüsseler »Diktatur« und dem Monster EU, der AfD-Ehrenvorsitzende Alexander Gauland beschimpft sie 2019 auf einem Parteitag ernsthaft als »totalitären Apparat«. Um das mal in Kontext zu setzen: Das ist derselbe Gauland, der 2017 beim »Kyffhäuser-Treffen« der AfD gefordert hatte, dass Deutsche endlich das Recht haben sollten, öffentlich »stolz zu sein auf Leistungen deutscher Soldaten in zwei Weltkriegen«. Wir lernen: Auf Soldaten des mörderischen Hitler-Regimes stolz zu sein ist voll normal und wichtig – die EU hingegen, das größte und erfolgreichste europäische Friedensprojekt aller Zeiten, ist eine verabscheuungswürdige Diktatur. Gut zu wissen.

Ich weiß nicht, wo genau beim Herrn Gauland so die Festplatte ruckelt. Ob er das tatsächlich glaubt, was ihm da so aus dem Mund plumpst, oder ob es kalt kalkulierter Nazi-Schrott ist, von dem er vermutet, dass seine Wähler es einfach gerne hören wollen. Zumindest sind das die einzigen zwei Optionen, die ich mir vorstellen kann. Und egal, welche davon die zutreffende sein mag – in *beiden* Fällen wären seine Äußerungen einfach nur erbärmlich.

Mit seiner EU-Feindlichkeit ist er in der Partei jedenfalls nicht alleine. Der erbitterte Kampf gegen die Europäische Union ist vielmehr eines der wichtigsten Ziele der AfD. Welchen Stellenwert diese Ablehnung hat, wird sofort klar, wenn man sich ihr offizielles Programm für die Europawahl 2019 anschaut. Bereits auf den ersten Seiten – lange bevor es um langweilige Nebensächlichkeiten wie Arbeit, Bildung oder Wirtschaft geht – nennt die Partei ihren wohl wichtigsten Wahlkampfschlager: **Die AfD spricht von einem »Dexit«, dem Austritt Deutschlands aus der Europäischen Union.** Da man sich selbst als kompromissbereite politische Kraft versteht, schreiben die Abgeordneten aber auch direkt eine zweite Möglichkeit in ihr Wahlprogramm, denn ein Dexit wäre natürlich schon ein harter Schnitt. Daher bietet man an: Alternativ dazu könnte man ja auch einfach die gesamte EU auflösen!

Das ist natürlich eine besonders clevere und absolut maßvolle Alternative. Als würde man einem Mieter versprechen: Keine Sorge, wir schmeißen dich nicht aus deiner Wohnung, wir reißen nur das ganze Haus ab!

Allerdings, so fair muss man sein, bezeichnen die AfD-ler in ihrem Wahlprogramm den Dexit oder die Auflösung der EU als »letzte Option«. Vorher wollen sie dem Ganzen noch eine kleine Chance geben: Die EU soll die »grundlegenden Reformansätze« der AfD »in angemessener Zeit verwirklichen«.* Soll heißen: Wenn die EU sich so ändert, wie die AfD es will, dann würde sie auf ihre Pläne zum Austritt (oder zur Auflösung) verzichten.

Diese bescheidene, maßvolle, kompromissbereite Sicht der AfD auf den politischen Prozess ist schon eine Klasse für sich. Da fordert sie als einzelne Partei (die in Deutschland nicht mal die Regierung stellt, sondern lediglich auf der Oppositionsbank schmort), dass sich alle 26 anderen EU-Mitgliedsstaaten ihrem Willen fügen sollen – ansonsten könne man den Laden gleich auflösen! Es sind diese bizarren Formen von Größenwahnsinn und widersinnigem Demokratieverständnis, die mich bei der AfD immer wieder aufs Neue fassungslos zurücklassen.

Noch absurder wird es natürlich, wenn man sich kurz

---

* Wie lange diese »angemessene Zeit« sein soll, kann sich jeder selbst auswürfeln – die AfD macht zu dieser bedeutenden Frist nämlich keinerlei Angabe. Ein Jahr, fünf Jahre, zehn Jahre, am nächsten 29. Februar bei Vollmond? Keine Ahnung, das kann die AfD auch nicht sagen. Das ist natürlich eine überaus vertrauenerweckende Art, Wahlprogramme zu schreiben. Aber gut, wenn man sich gegenüber den Wählern nicht festlegt, kann einem später immerhin niemand vorwerfen, man hätte irgendwas nicht eingehalten. Superpraktisch auch im Alltag: »Hey, wann bekomme ich meine 20 Euro zurück, die ich dir geliehen habe?« – »In angemessener Zeit.« – »Ah, okay, vielen Dank.«

die Frage stellt, warum die Partei *überhaupt* ein EU-Wahlprogramm aufstellt. Auf über 90 Seiten und insgesamt nicht weniger als 100 Kapiteln und Unterkapiteln verspricht sie ihren Wählern im Jahr 2019, was sie alles erreichen wollen, wenn sie ins EU-Parlament gewählt werden. Vom Kindergeld bis zur Bankenaufsicht hat man sich zu allem scharfe Gedanken gemacht. Es ist eine bemerkenswert detaillierte Agenda, wenn man bedenkt, dass die EU nach eigener AfD-Aussage doch eine »Diktatur« und ein »totalitärer Apparat« sei, in denen per Definition doch eh alles von oben vorgegeben ist. Wenn die Europäische Union wirklich so ein teuflisches System wäre, würde ein Wahlprogramm daher ungefähr so viel Sinn machen wie eine Unterlassungserklärung, mit der man eine Regenwolke davon abhalten will, dass sie gefälligst nicht auf das frisch gewaschene Auto in der Auffahrt regnet. »Die EU ist eine lupenreine Diktatur, aber hey, hier sind schon mal unsere schlauen Ideen fürs EU-Parlament, was wir alles ändern werden!« – man muss diese geradezu unverschämte Nicht-Logik wirklich mal sacken lassen, um zu begreifen, wie grotesk widersprüchlich die AfD zu ihren Wählern spricht.

Doch bevor wir uns von der grundsätzlichen Absurdität ihrer Europapolitik aufhalten lassen, kommen wir zurück dazu, was die Partei denn eigentlich von der EU erwartet. Was sind diese »grundlegenden Reformansätze«, von denen die AfD spricht? Was würde sie dazu veranlassen, auf einen Dexit oder eine Auflösung des Staatenbundes zu verzichten?

Spätestens hier wird es dann vollends albern. **Die AfD fordert, dass das EU-Parlament abgeschafft werden soll.**

Erst dann könne man darüber nachdenken, ob die EU eine Zukunft habe. Nun ist es so, dass das EU-Parlament das *Herz* der EU ist. Ohne das gemeinsame Parlament bleibt von der EU quasi nichts Substanzielles mehr übrig. Die gesamte Idee der EU lebt davon, dass Menschen aus allen Mitgliedsländern im Parlament zusammenkommen, um darüber zu sprechen und zu verhandeln, wie man Dinge in Bewegung bringen und verbessern kann. Die Quatsch-Forderung, dass man die EU ja behalten könne, wenn das EU-Parlament sich selbst abschafft, erinnert an einen Psychokiller aus einem Horrorfilm: »Ich bringe dich nicht mit meinem rostigen Messer um, wenn du dir stattdessen mit dieser Pistole selbst in den Kopf schießt.«

Man kann das für falsch, unverantwortlich oder schlicht dämlich halten. Doch mit dieser Art der Politik feiert die AfD durchaus Erfolge. Bereits bei der Europawahl 2014, fünf Jahre zuvor, verzeichnet die AfD den stärksten prozentualen Stimmenzuwachs aller deutschen Parteien (damals richtete sich ihr Wahlprogramm vor allem gegen die gemeinsame Euro-Währung). Mit ihrer Dexit-Forderung kann sie 2019 ihr Ergebnis noch einmal nahezu verdoppeln. Die Angriffe gegen die EU zahlen sich aus, denn viele Deutsche können mit ihr nur noch wenig anfangen.

Wir sind dann mal weg

Das Verhältnis der Deutschen zur Europäischen Union ist schwer zu fassen. Studien zeigen zwar immer wieder, dass die Zustimmung zur EU in Deutschland überdurchschnittlich hoch ist; die Bürger hierzulande fühlten sich in den vergangenen Jahren deutlich wohler mit ihrer EU-Mitgliedschaft als etwa die Menschen in Griechenland oder Italien.

Allerdings sollte das niemanden zu sehr überraschen: Thomas Fricke, der Chefökonom der European Climate Foundation, konnte 2019 in einem Beitrag für den *Spiegel* überzeugend darlegen, dass die Beliebtheit der EU in den Mitgliedsländern offenbar eng mit der Wirtschaftsleistung zusammenhängt. Er glich dazu die Konjunkturdaten von Mitgliedsstaaten mit den Zustimmungswerten der Bevölkerung für die EU ab. Dabei konnte er feststellen: Die Bürger sind besonders zufrieden mit der EU, wenn die Wirtschaft brummt. Gleichzeitig gehen die Beliebtheitswerte jedoch umgehend in den Keller, sobald die Geschäfte einbrechen. Fricke brachte es auf die eingängige Formel: »**Floppt die Wirtschaft, floppt Europa.**« Vor diesem Hintergrund ist es also nicht verwunderlich, dass im erfolgsverwöhnten Deutschland – mit seinem Rekordaufschwung des letzten Jahrzehnts – eine deutlich höhere EU-Zustimmung herrscht als in Italien und Griechenland. Bei beiden Ländern ging es im gleichen Zeitraum schließlich wirtschaftlich bergab oder stagnierte bestenfalls.

Einerseits ist die EU in Deutschland also bei vielen

Bürgern beliebter als in anderen Ländern. **Doch auch bei uns lässt sich beobachten, dass es zuletzt immer mehr Warnsignale gibt.**

- Im April 2019 zeigt das bedeutende »Eurobarometer« des EU-Parlaments, dass jeder zehnte Deutsche einen Austritt Deutschlands aus der Europäischen Union *befürwortet*, also genau den Dexit, mit dem in diesem Jahr die AfD in ihren Europawahlkampf zieht.
- Im selben Monat veröffentlicht die Friedrich-Ebert-Stiftung ihre neue »Mitte-Studie«, in der fast jeder sechste Deutsche die Aussage unterstützt: »Deutschland wäre *ohne* die EU besser dran«.
- Im Dezember 2019 legt die Europäische Kommission die Resultate einer neuen Meinungsumfrage vor, laut der mehr als jeder sechste Deutsche sich ausdrücklich *nicht* als Bürger der Europäischen Union empfindet.
- Im Sommer 2020 lässt die Europäische Kommission erneut die deutsche Bevölkerung zur EU befragen. Dieses Mal zeigt sich: Fast die Hälfte der Deutschen (44 Prozent) gibt an, dass sie der EU »eher *nicht* vertrauen«. Zählt man noch diejenigen hinzu, die »nicht wissen«, ob sie der EU vertrauen (acht Prozent der Befragten), erreicht man insgesamt 52 Prozent. Das heißt, mehr als jeder zweite Deutsche hadert mit dem Vertrauen in die Europäische Union.
- Im Oktober 2020 veröffentlicht der von der EU mitfinanzierte Fernsehsender *Euronews* die Ergebnisse einer eigens in Auftrag gegebenen Umfrage: Weniger als die Hälfte der Deutschen (47 Prozent) beurteilt die EU-Mitgliedschaft Deutschlands »als etwas *Gutes*«.

Anhand dieser Zahlen erkennt man schnell, dass in den Beziehungen zwischen Deutschland und der EU nicht nur eitel Sonnenschein herrscht. **Millionen Deutsche fremdeln mit dem europäischen Projekt,** und je aktueller entsprechende Umfragen werden, umso stärker scheint sich diese Ablehnung herauszubilden.

Aus heutiger Sicht klingt ein Dexit noch äußerst unwahrscheinlich. Der deutsche Staat zahlt zwar von allen Mitgliedsstaaten mit Abstand die höchsten EU-Beiträge (grob 30 Milliarden Euro jährlich), doch er gehört gleichzeitig zu den größten Gewinnern. Exportweltmeister sind wir schon länger nicht mehr,[*] aber egal, ob Porsche Cabrio, *Nivea*-Creme oder hochspezialisierte Baumaschinen: Noch immer beruht der Wohlstand der Bundesrepublik zu großen Teilen darauf, dass wir massenhaft deutsche Produkte ins Ausland verkaufen. Weit über die Hälfte dieser wichtigen Exporte gehen dabei in andere EU-Mitgliedsstaaten. Angaben des Bundeswirtschaftsministeriums zufolge wurden 2019 rund 60 Prozent der deutschen Exporte in EU-Länder verkauft. Unsere europäischen Nachbarn sind also unsere wichtigsten Kunden, die EU der bedeutendste Marktplatz für deutsche Unternehmen.

Um das Verhältnis noch klarer zu machen: Unsere wichtigsten Handelspartner *außerhalb* von Europa sind die USA. Niemand sonst kauft mehr deutsche Produkte – vom Luxusauto für die 5th Avenue in New York City bis zum selbst fahrenden Mähdrescher auf den Kornfeldern des mittleren Westens. Doch selbst der wichtige US-

---

[*] Diesen Titel mussten wir bereits vor Jahren an China abgeben; im deutschen Selbstverständnis hat er sich aber so eingeprägt, dass er teils noch heute verwendet wird.

Markt nimmt uns nur ein bisschen weniger als neun Prozent unserer Exporte ab.

Die EU ist für Deutschland also nicht nur ein Garant für Frieden, sondern auch ein Wohlstandsmotor. Dank des gemeinsamen europäischen Binnenmarkts entfallen teure Zölle, was deutsche Produkte im EU-Ausland günstiger (und somit wettbewerbsfähiger) macht. Durch einheitliche Standards können Firmen außerdem Waren produzieren, die nicht vorher extra für jedes Land einzeln angepasst werden müssen (was wiederum die Kosten senkt). Mit Darlehen, Zuschüssen und Bürgschaften aus Brüssel werden zusätzlich auch Tausende kleine und mittlere Unternehmen gefördert. Der wirtschaftliche Nutzen einer EU-Mitgliedschaft ist also gewaltig. Und da wir in Deutschland nicht nur einige riesige Großkonzerne haben, sondern zusätzlich einen breit aufgestellten, stark exportorientierten Mittelstand, werden diese Vorteile nicht nur in irgendwelchen DAX-Vorstandsetagen bemerkt, sondern auch von recht vielen Durchschnittsbürgern.

Darüber hinaus darf man nicht vergessen, dass mit EU-Beiträgen nicht nur der Wirtschaft geholfen wird, sondern auch zahlreichen sozialen Projekten. Zumindest in meiner Heimatstadt Berlin ist es jedenfalls schwer, den positiven Einfluss der EU zu übersehen: Neue Spielplätze werden gebaut, alte Stadtplätze saniert, heruntergekommene Parkflächen aufgehübscht, Bibliotheken, Schulen und Kindertagesstätten finanziell unterstützt. Unzählige Beratungsangebote werden durch EU-Mittel ermöglicht, von Gewaltprävention über Sprachförderung bis hin zu nachbarschaftlichen Kochkursen und vielem mehr. Überall in der Stadt weisen Schilder und Plaketten darauf hin, dass der Ort, an dem man sich gerade befindet, mit EU-Geldern unterstützt wurde. Das ist übrigens weder eine Berliner Besonderheit noch ein vermeintlicher »Hauptstadt-Bonus«: In jedem deutschen Bundesland gibt es zahlreiche ähnliche Projekte, die das gesellschaftliche Miteinander fördern und den Alltag der Bürger verbessern sollen und von der Europäischen Union gesponsort werden. Es ist sehr wahrscheinlich, dass viele überzeugte EU-Gegner quasi täglich von Förderungen aus Brüssel profitieren, ohne dass sie sich darüber im Klaren sind.

Theoretisch spricht eigentlich so gut wie alles gegen einen Dexit. Doch es gibt einen Staat, der sich in Sachen EU-Skepsis noch vor Kurzem in einer ganz ähnlichen Lage befand wie wir uns heute: Großbritannien.

Das Vereinigte Königreich hat wie Deutschland über Jahrzehnte massiv von der EU profitiert. Berechnungen der britischen Regierung ergeben bereits 2010, dass ihre Wirtschaftsleistung durch die EU-Mitgliedschaft jährlich sechs Prozent höher ausfällt. Nun mögen sechs Prozent im ersten Moment für manche nicht besonders beeindruckend klingen. Die Volkswirte schlackern hingegen mit den Ohren: Mit einem durchschnittlichen Bruttoinlandsprodukt von grob 2,5 Billionen US-Dollar bedeutet das für die Briten Hunderte Milliarden Dollar extra über die Jahre! Viele weitere Milliarden gibt es von der EU noch mal obendrauf: für europäisch finanzierte Forschungs- und Innovationsprogramme in Großbritannien, die heimischen Bauern, britische Kinoproduktionen, Sozialwohnungen und zahllose andere Projekte. Es ist eine Erfolgsgeschichte.

Doch genau wie bei uns hetzt in Großbritannien eine relativ junge und rechtspopulistische Partei (bei uns die AfD, dort die UKIP) jahrelang hemmungslos gegen die EU. Mit billigen Lügen und haarsträubenden Falschnachrichten heizt man die Feindlichkeit gegenüber einem vereinten Europa an. Die Stimmung wird aggressiv, die Argumente werden irrational. Die rechten Fliehkräfte in der Gesellschaft erstarken, mehrere prominente Konservative schließen sich inhaltlich den EU-Feinden an. All die klaren Vorteile der EU-Mitgliedschaft helfen am Ende nichts: Im Sommer 2016 stimmt bei einer Volksbefragung die Mehrheit für einen Austritt aus der Europäischen Union. Der Brexit kommt.

Dass dieses Szenario tatsächlich eintreten könnte, das galt auch in Großbritannien lange Zeit als schwer vorstellbar. Forderungen von Nationalisten nach einem EU-Austritt gab es zwar schon ewig, aber sie wurden kaum ernst genommen. Zu offensichtlich waren die Vorteile der Mitgliedschaft, zu profitabel die wirtschaftlichen Effekte. Brexit-Sprüche wurden in der Regel als substanzloses Stammtischgeschwätz abgetan. Aus Befragungen weiß man heute, dass Millionen Briten erst gar nicht an der Brexit-Wahl teilnahmen; viele hielten es schlicht für unmöglich, dass es *tatsächlich* zum Austritt kommt (und bereuten später, dass sie nicht wählen gingen). Die Haltung war so verständlich wie rückblickend fatal: »So ein Quatsch! Damit schießt man sich nur ins eigene Knie! Es wäre doch geradezu verrückt, aus der EU auszutreten!«

Bis es dann eben trotzdem passierte.

Der Brexit muss uns eine Lehre sein. **Wir befinden uns heute ziemlich genau in der Position, in der Groß-**

britannien vor wenigen Jahren steckte. Eine politische Minderheit arbeitet auf einen Austritt hin, der Rest der Gesellschaft nimmt es nicht ernst, und wenn wir nicht aufpassen, erleben wir bald unser blaues Wunder. Wir sollten uns nicht in falscher Sicherheit wiegen, nur weil Politiker regelmäßig beruhigende Festtagsreden zum Stand der EU halten. Oder weil wir in unseren Zeitungen wohlwollende Kolumnen darüber lesen, wie wichtig die EU für Deutschland sei. Denn wie wir zu Beginn dieses Kapitels sehen konnten, zeigen zahlreiche Erhebungen, dass es einen signifikanten Teil der deutschen Bevölkerung gibt, der die Europäische Union ausdrücklich ablehnt. Durch schamlose und gezielte Lügenkampagnen könnte ohne Frage auch in Deutschland der Hass gegen die EU weiter angefacht werden. Und wenn uns die endlosen PEGIDA-Märsche und Anti-Corona-Demonstrationen der jüngeren Vergangenheit eines gelehrt haben, dann, dass es gerade in Deutschland ein besonders dankbares Publikum für *Fake News* und Verschwörungstheorien zu geben scheint.*

Ein Dexit ist also noch längst nicht vom Tisch. Ironischerweise könnte ausgerechnet der deutsche Wirtschaftsboom dazu beitragen, der ja durch die EU-Vorteile erst seine volle Kraft entfaltet: Als eine der reichsten Na-

---

* Und an dieser Stelle noch einmal in aller Deutlichkeit: Natürlich, man *kann* und *darf* gegen die Europäische Union sein – sowohl gegen einzelne Vorhaben als auch gegen die gesamte Idee an sich. Diese Meinungsfreiheit nimmt einem niemand. Aber die Kritik an der EU muss sachlich sein und darf nicht aus Falschbehauptungen bestehen à la »die EU ist eine Diktatur«, »die EU ist eine Verschwörung der Juden« oder »die EU hat nur das Ziel, die weiße Bevölkerung Europas gezielt durch Afrikaner und Araber auszutauschen« etc.. Hier hört der Spaß auf.

tionen der Welt hat sich bei so manchem die Vorstellung festgesetzt, Deutschland sei nicht auf Teamwork angewiesen: »Wozu brauchen wir da schon die EU? Wir sind doch so unglaublich erfolgreich, das wird schon!« Aus diesem Optimismus spricht vor allem ein verklärter Blick auf das Erreichte. Wir schauen satt und zufrieden auf die Rekordumsätze der letzten Jahrzehnte, als wären sie eine Selbstverständlichkeit gewesen. Dabei waren die blendend laufenden EU-Geschäfte, die verlässlich den Großteil unserer Exportumsätze generierten, in unserer Geschichte einmalig. Nie zuvor hatten so viele Länder derart eng kooperiert und freien Handel miteinander getrieben; auf dem blutigen Boden Europas erst recht nicht. Doch der historische Glücksfall wird von einigen zur neuen Normalität degradiert.

Auch hier lassen sich Überschneidungen zum Brexit erkennen: »Großbritannien und Deutschland unterliegen ähnlichen Illusionen in ihrer Weltsicht: Sie unterschätzen beide die Bedeutung der Europäischen Union für die eigene Zukunft«, so formuliert es 2019 der Präsident des Deutschen Instituts für Wirtschaftsforschung, Marcel Fratzscher, in einem Gastbeitrag für die *Süddeutsche Zeitung*. Er ist Professor für Makroökonomie und nicht gerade für schrille Alarmglocken bekannt. Daher hat es besonderes Gewicht, wenn er nüchtern schätzt, dass mittlerweile »ein Dexit und gar ein Kollaps der Europäischen Union gar nicht so unwahrscheinlich« seien. Der Brexit markiert das erste Mal, dass ein Staat die Europäische Union verlässt. Zwar wirtschaftlich sinnlos und zu großen Teilen durch Desinformationskampagnen ermöglicht, doch beschlossen ist beschlossen. **Dieses Ereig-**

nis könnte Vorbild für weitere Abspaltungsbewegungen werden, nicht nur in Deutschland. In vielen Mitgliedsstaaten gibt es politische Kräfte, die auf eine Zerstörung der EU hinarbeiten wie zum Beispiel die rechtsextremen Parteien *Rassemblement National* in Frankreich oder *Lega Nord* in Italien, um nur einige zu nennen. Tatsächlich scheint die Zukunft der EU heute wieder so unsicher wie wohl seit ihren Gründungstagen nicht mehr.

In einem Europa, dessen Nationen sich zunehmend voneinander entfernen und isolieren, würden zwangsläufig neue Spannungen auftreten. Hier schließt sich der Kreis zur Weltuntergangsuhr aus Kapitel 4: Die für sie verantwortlichen Wissenschaftler warnen explizit vor einer mangelnden internationalen Zusammenarbeit und dem Ende von Institutionen, die bislang für Stabilität sorgen. Die Europäische Union ist folglich ein Paradebeispiel: Als Staatenverbund sorgt sie dafür, dass sich Dutzende Nationen täglich *gemeinsam* den Herausforderungen unserer Zeit stellen, sodass sie einen großen Anteil daran hat, dass wir uns nicht bekriegen, sondern gegenseitig unterstützen.

Doch wie lange wir uns darauf noch verlassen können, kann niemand mit Sicherheit sagen.

In den letzten Jahren hat sich in Europa außerdem eine Entwicklung beschleunigt, die weiteren Zündstoff bietet: Reiche Regionen wollen sich zunehmend von ärmeren Regionen abspalten. Einige dieser Konflikte schwelen schon sehr lange, andere sind noch relativ neu. Doch überall kann man in jüngerer Zeit eine sich verstärkende Dynamik beobachten.

In Belgien wollen viele Bürger, dass sich der wohlhabendere Norden (Flandern) vom weniger erfolgreichen Süden (Wallonien) trennt. In Spanien kämpfen Separatisten dafür, dass sich das wirtschaftsstarke Katalonien vom Rest des Landes abkoppelt. Venetien, Heimat der weltberühmten Sehnsuchtsorte Venedig und Verona, streitet seit Jahren um einen Venexit, mit dem man sich unabhängig von Italien machen will. Sogar in Deutschland arbeitet mit der Bayernpartei eine politische Kraft gezielt darauf hin, dass das Bundesland Bayern die Bundesrepublik verlässt.

All diese Regionen gehören in ihren Heimatländern zu den reichsten Teilen des Landes. Flandern hat durch Antwerpen den zweitgrößten Hafen Europas und mit Brüssel gleichzeitig die prosperierende »Hauptstadt« der EU in seinen Grenzen. Katalonien ist eine bedeutende Industrieregion und das Zuhause des milliardenschweren Autoproduzenten *Seat*. Venetien kann sich kaum vor Touristen retten und verfügt zusätzlich über einen starken Modesektor; in der Region hat etwa die Weltmarke *Bottega Veneta* ihren Sitz. Und in Bayern sitzen nicht weniger als sieben DAX-Konzerne, darunter der Sportartikel-Gigant *Adidas* und die *Allianz*-Versicherung, eines der wertvollsten Unternehmen des Planeten.*

Die genauen Gründe für die Unabhängigkeitsbewegungen in diesen Regionen variieren, doch es gibt einen roten Faden, der sich überall beobachten lässt: Bewohner der wohlhabenden Regionen haben keine Lust, ihren

---

* Im berühmtem Forbes-Ranking des gleichnamigen Wirtschaftsmagazins belegt die *Allianz* im Jahr 2020 weltweit Platz 25. Die Münchener überflügeln damit sogar Ikonen wie *Walt Disney* (Platz 36), *Sony* (Platz 58) oder *Coca Cola* (Platz 98).

Reichtum mit den ärmeren Menschen des Landes zu teilen. Es herrscht Frust darüber, dass man selbst so viel erwirtschaftet, aber gleichzeitig viel davon in Form von Steuern und Abgaben an andere Landesteile abführen muss. Warum sollten zum Beispiel erfolgreiche Modeunternehmer aus Venetien das Kindergeld für Schulabbrecher im strukturschwachen Sizilien finanzieren? Warum sollten bayerische BMW-Ingenieure mit ihrem Lohn die Hartz IV-Beiträge für eine arbeitslose Mutter in Bremen bezahlen? »Die sollen doch selbst was auf die Beine stellen, was geht uns das an?«, »Wir schaffen es doch auch, die Leute im Rest des Landes sind halt einfach zu faul und nicht so fleißig wie wir!« – so oder so ähnlich hören sich die Argumente oft an, wenn es um eine Abspaltung der eigenen Region geht. Es wird dabei viel von Stolz, Gerechtigkeit und Lokalpatriotismus gefaselt, doch letzten Endes geht es wie so oft um genau eine Sache: ums Geld.

Es ist eine gefährliche Debatte, weil sie Menschen auf ihren finanziellen Nutzen reduziert. Wenn sich das Gemeinschaftsgefühl nicht mehr aus gemeinsamen Wertvorstellungen und gegenseitigem Respekt ableitet, sondern vorrangig aus dem Portemonnaie, dann erreichen wir einen kritischen Punkt. Es lässt den Zusammenhalt untereinander erodieren und verschärft bereits bestehende Probleme. Dass auf ärmere Bürger derart verächtlich herabgeschaut wird, dass man sie weniger als gleichwertige Mitmenschen, sondern hauptsächlich als finanzielle Belastung wahrnimmt, halte ich für eine bedrohliche Entwicklung. Statt sich auf Augenhöhe zu begegnen, kapselt man sich ab. Im privaten Bereich sehen wir so etwas schon lange: Reiche wohnen oft in eigenen Stadtvierteln, ihre Kinder besuchen eigene Schulen und der Freundeskreis siebt sich irgendwann ganz von selbst entsprechend aus. Diese sozioökonomische Distanzierung ist für eine Gesellschaft bereits destruktiv genug. Wenn nun auf ähnliche Weise allerdings ganze Staaten zerfasern, ist das ein Armutszeugnis für alles, wofür die Europäische Union eigentlich stehen sollte.

Auch für den Brexit spielte diese Debatte eine große Rolle: Nicht zuletzt mit dem Argument, dass man die britischen Steuergelder lieber für sich selbst behalten solle, statt damit (in Form von EU-Beiträgen) ärmere Regionen auf dem Rest des Kontinents zu unterstützen, gewann man bei den Wählern viel Zustimmung. Für Deutschlands Zukunft in der EU wird daher einer der entscheidenden Streitpunkte sein: Warum sollten wir reichen Deutschen irgendetwas für ärmere Länder tun? Die EU-Gegner stürzen sich bereits heute darauf, dass wir der größte Beitragszahler sind, und können einem leidenschaftlich vorrechnen, wie viele Geldscheine mehr man angeblich durch einen Austritt in der persönlichen Brieftasche hätte.

Lassen wir kurz mal außer Acht, wie enorm Deutschland trotz hoher EU-Beiträge wirtschaftlich von einer Mitgliedschaft profitiert, vergessen wir also für einen Moment Arbeitsplätze, Zollvorteile und Exportbilanzen: Wenn wir rein monetär denken, ausschließlich Euros gegeneinander aufrechnen und die europäische Zusammenarbeit allein in Profitmaximierung begründen, dann verliert sie zumindest aus meiner Sicht ihre Berechtigung. **Denn ein vereintes Europa ist mehr wert als die**

Summe seiner Beitragszahlungen. Die friedliche Verbindung mit unseren Nachbarstaaten ist ein modernes Wunder, das Menschen rund um den Globus staunen lässt. Wir sind eine Gemeinschaft, die in *vielen* Sprachen, aber *einer* Stimme eine revolutionäre Botschaft hinaus in die Welt ruft: *Zusammen sind wir mehr.*

Europa und insbesondere Deutschland ist für einige der dunkelsten Kapitel der Menschheitsgeschichte verantwortlich: von den grauenhaften Verbrechen der Kolonialzeit bis hin zu den unerträglichen Gräueln zweier Weltkriege. Doch unzählige Lebensgeschichten von Überlebenden und Nachkommen zeigen zum Glück auch, dass die Barbarei nicht das Ende sein muss. Keine Finsternis ist so dunkel, dass sie nicht überwunden werden kann. Kein Abgrund so tief, dass aus ihm nicht die Hoffnung neuer Generationen wachsen kann. *Das* ist die Botschaft von Europa.

Wir müssen keine Feinde sein. Wir sind nicht dazu verpflichtet, die Kriege und Rivalitäten unserer Vorfahren weiterzuführen. Wir können uns vergeben, auf die Füße helfen und gemeinsam voranschreiten. Eine bessere Zukunft ist möglich, wenn wir fest zusammenhalten. Die EU ist nicht perfekt. Aber sie ist das Beste, was wir in diesem Sinne je getan haben.

Lassen wir uns das nicht für ein paar Geldscheine kaputt machen.

6 DER WEG NACH VORN

»Die Ereignisse von 1933 bis 1945 hätten spätestens 1928 bekämpft werden müssen. Später war es zu spät. [...] Man darf nicht warten, bis aus dem Schneeball eine Lawine geworden ist. Man muss den rollenden Schneeball zertreten. Die Lawine hält keiner mehr auf.«

Erich Kästner

Wir befinden uns heute in vielerlei Hinsicht auf einem gefährlichen Weg. In den vorherigen Kapiteln habe ich die aus meiner Sicht wichtigsten Entwicklungen aufgezeigt: Antidemokratische Einstellungen in der Bevölkerung wachsen, rechtsextreme Straftaten explodieren und immer mehr Deutsche bewaffnen sich. Rassismus und falscher Nationalstolz gehen bei vielen so weit, dass sie sogar die Europäische Union zerstören wollen, unseren bisherigen Garanten für Frieden. Bei der Gleichberechtigung von Frauen wird der Rückwärtsgang eingelegt; in unseren Parlamenten werden sie sogar wieder zunehmend von Männern verdrängt. Und als wäre das alles nicht genug, schädigen zusätzlich Smartphones und soziale Netzwerke unser Denkvermögen und machen es uns *noch* schwerer, auf die gewaltigen Probleme unserer Zeit (ob Kriege oder Klimawandel) Antworten zu finden.

Flaches Denken, Hass auf Fremdes, Recht des Stärkeren: Unsere Gesellschaft entwickelt sich zurück. Es ist eine grausame Ironie: Keine Generation vor uns hatte so viele Freiheiten und solch einen Zugang zu Informationen wie wir. Aber anstatt den Barbaren in uns zurückzulassen, wird er heute wieder so sichtbar wie seit Jahrzehnten nicht.

Und jetzt?

Ist unser Schicksal damit besiegelt und wir können

nichts mehr tun? Gehört den neuen Barbaren die Zukunft, ohne dass wir uns dagegen wehren können? Ganz im Gegenteil. Weder ist die Lage hoffnungslos, noch fehlt es an Ideen, wie das Ruder noch einmal herumgerissen werden kann.

Nehmen wir das Beispiel der zunehmenden Bewaffnung der Deutschen. Wir haben unzählige Schützenvereine im Land und erlauben sogenannten Sportschützen in ihrer Freizeit mit scharfen Waffen rumzuballern. Warum? Weil's Laune macht. Peng, Peng! Bumm, Bumm! Aber gibt es irgendeinen rationalen Grund dafür, dass Leute in unserem Land einfach »zum Spaß« Zugang zu tödlichen Schusswaffen bekommen? Die Grünen haben dazu auf ihrem Parteitag im November 2020 einen wegweisenden Vorschlag gemacht: In ihrem neuen Grundsatzprogramm fordern sie »ein Ende des privaten Besitzes von tödlichen Schusswaffen«. Ja, Polizisten brauchen Dienstwaffen, Soldaten brauchen Kampfausrüstung – daran rüttelt der Vorschlag nicht. Aber wozu brauchen Zivilisten eine Pistole zu Hause? Mit welchem Recht erlauben wir, dass man tödliche Gewehre bequem jederzeit zugänglich in den eigenen vier Wänden aufbewahren darf? Angesichts der vielen Morde, Anschläge und Amokläufe in Deutschland, die mit legal erworbenen Schusswaffen begangen werden (und den Zehntausenden Waffen, die einfach spurlos »verschwinden«), halte ich ein Verbot für überfällig.

Wenn es den Sportschützen wirklich um den Sport geht – also aus der Distanz möglichst genau ein Ziel treffen – wird es ihnen sicher nichts ausmachen, in Zukunft ausschließlich nicht-tödliche Waffen und Munition zu benutzen. Die gibt es schon längst. An zahlreichen Schießständen werden sie auch bereits genutzt. Dennoch wehren sich auffällig viele Sportschützen mit Händen und Füßen dagegen, sich von ihren echten, tödlichen Feuerwaffen zu trennen. Der Verdacht liegt nahe, dass es ihnen in Wirklichkeit doch um etwas anderes als Sport geht.

Tödliche Waffen sollten nicht als Freizeitspaß verharmlost werden. Sie sind hochgefährlich und gehören nicht in die Hände von Zivilisten. Und unser Waffenrecht ist kein Naturgesetz – es lässt sich ändern, wenn der politische Wille da ist. Das wird nicht von heute auf morgen gehen, doch es ist möglich!

Auch die Situation der Frauen ließe sich deutlich verbessern. Ein erster Schritt wäre die Abschaffung der unzeitgemäßen Paragrafen 218 und 219a in unserem Strafgesetzbuch. Sie kriminalisieren Abtreibungen und verbieten Ärzten sogar die umfassende, öffentliche Information darüber. Es wäre juristisch kein Problem, diesen Frauen bevormundenden, stark religiös motivierten Unsinn ein für alle Mal zu streichen. Europäische Nachbarn wie etwa die Niederlande oder Frankreich sind da längst weiter als wir.

Aber ich möchte an dieser Stelle gar nicht alle bereits aufgeführten Probleme nochmals aufzählen und über theoretisch hilfreiche Gesetzesänderungen spekulieren. **Es gibt, wie gesagt, unzählige clevere und vielversprechende Ideen, wie man unsere Gesellschaft freier, gerechter und sicherer machen könnte.** Entsprechende Vorschläge liegen nicht nur auf dem Tisch, sie stapeln sich bis zur Decke! Es ist alles da. Wir könnten sofort loslegen.

Aber wir müssen auch wollen.

Die neuen Barbaren sind nicht irgendwelche mysteriösen Unbekannten. Es sind wir selbst, unsere Nachbarn, unsere Arbeitskollegen. Wir dürfen das nicht vergessen: Ja, unser Land entwickelt sich in vielen Bereichen zurück – doch viele Deutsche möchten es eben genau so. Sie begrüßen diese Rückschritte, sie feiern den moralischen Verfall unserer Gesellschaft. Die eigentliche Frage lautet also nicht, mit welchen spezifischen Einzelmaßnahmen man diesen Abstieg aufhalten kann, sondern warum viele Deutsche ihn überhaupt nicht aufhalten *wollen*.

Menschenfeindliche und antidemokratische Überzeugungen können sich in einer Bevölkerung nur ausbreiten und verfestigen, wenn man es zulässt. Es stimmt zwar: Einen gewissen Anteil von Barbaren wird es in jeder Zivilisation immer geben. Menschen, die auf Lügen, Brutalität und Einschüchterung setzen, um ihre persönlichen Ziele zu erreichen; seien es Wohlstand, Macht oder soziale Anerkennung. Egoisten und Narzissten, die zu schwach und zu faul sind, um es im Leben mit fairen Mitteln zu etwas zu bringen. Die nicht für das respektiert werden wollen, was sie aufbauen, sondern gefürchtet, für was sie zerstören.

Aber solche Leute kommen nur so weit, wie die Gesellschaft sie lässt. Ist sie informiert und aufgeklärt genug, dass sie sich von Lügen nicht blenden lässt, haben Barbaren keine Macht über sie. Lassen friedliebende Menschen sich nicht von Drohungen einschüchtern, sondern stehen fest zusammen, gibt es für Barbaren kein Durchkommen. Entscheidend ist, dass der demokratische Teil der Bevölkerung die Bedrohung ernst nimmt – und dann nicht davor einknickt, sondern entschlossen dagegen vorgeht.

Mit allen drei Faktoren – ernst nehmen, standhaft bleiben, gegenhalten – hat unser Land leider massive Probleme.

Es ist mir als überzeugtem Demokraten unbegreiflich, wie sich Deutschland von eindeutigen Faschisten auf der Nase herumtanzen lässt. Und wie unfassbar locker unsere Politik und Sicherheitsbehörden damit umgehen. Eigentlich müsste gerade der deutsche Staat, aus seiner historischen Verantwortung heraus, besonders wachsam gegenüber antidemokratischen Kräften sein. Doch stattdessen genießen rechtsextreme politische Kräfte bei uns praktisch Narrenfreiheit.

Jeder kennt etwa die NPD und wofür diese Partei steht: Ausländer raus. Die Bundeszentrale für politische Bildung fasst die mittlerweile mehr als 50 Jahre (!) andauernde Parteigeschichte der NPD folgendermaßen zusammen: »Zweifel an ihrer antidemokratischen Grundausrichtung bestanden zu keinem Zeitpunkt.« Selbst das Bundesverfassungsgericht hat 2017 bestätigt, dass die NPD fraglos verfassungsfeindlich ist: »Ihr politisches Konzept missachtet die Menschenwürde und ist mit dem Demokratieprinzip unvereinbar.«

Unvereinbar mit unserer Demokratie – aber trotzdem nach wie vor erlaubt. Was zur Hölle soll das? Welche Botschaft sendet das aus? Der Staat schafft es nicht, eine offen verfassungsfeindliche Partei zu verbieten. Zwei Mal wurde es halbherzig versucht: 2003 scheiterte ein Verbot der NPD an der berüchtigten V-Mann-Affäre; das Verfahren wurde einfach eingestellt. Schon das war ein Skandal. Noch wilder wurde es zehn Jahre später, beim zweiten Versuch: Ab 2013 strebte man erneut ein Verbot der NPD an. Nach einigen Jahren zäher Beratungen und Verhandlungen fällten die zuständigen Richter 2017 schließlich eine Entscheidung, die bis heute an Sinnlosigkeit nicht zu überbieten ist: Ja, die NPD sei zwar klar verfassungsfeindlich, aber sie bekomme doch bei Wahlen relativ wenige Stimmen! Damit könnte sie politisch doch nichts verändern! Will heißen: Die NPD ist einfach nicht erfolgreich genug für ein Verbot, ja, Pech gehabt, blöd gelaufen, schade Schokolade!

Dank so einer haarsträubenden Argumentation wird die NPD bis heute von unseren Steuergeldern finanziert. Die Feinde unserer Demokratie bekommen keine Strafe, sondern stattdessen staatliche Millionen für Büros, Angestellte und Dienstwagen.

So geht es allen rechtsextremen Parteien in Deutschland: Sie können machen, was sie wollen, der deutsche Staat lässt sie gewähren. Eine andere solche Partei, Die Rechte, besteht zu großen Teilen aus gewaltbereiten Neonazis. Im Herbst 2020 berichtet die *Aachener Zeitung*, dass der Partei sogar das Kunststück gelungen ist, »mehr Straftaten als Mitglieder« zu haben: Laut dem nordrhein-westfälischen Innenministerium wurde in den vergangenen Jahren in mehreren Hundert Fällen aufgrund »politisch motivierter Straftaten« gegen Mitglieder von Die Rechte ermittelt. Darunter fallen rund sechs Dutzend Fälle von »gefährlichen Körperverletzungen«. Bei einer Demonstration der Partei in Duisburg im Mai 2019 wird übers Mikrofon gerufen »In die Parlamente schmeißt die Handgranaten rein!« und »In unseren Herzen sind wir damals wie heute Hitler-Leute.«

Im selben Monat demonstrieren auch Anhänger der

rechtsextremen Partei Der III. Weg in der sächsischen Stadt Plauen. Die Teilnehmer trampeln bei ihrem Marsch über eine am Boden liegende EU-Flagge, es gibt laute »Nationaler Sozialismus!«-Rufe. Zusätzlich wird musikalisch Stimmung gemacht – mit Trommeln, die optisch den bekannten Trommeln der Hitlerjugend nachempfunden sind. Das Bundesamt für Verfassungsschutz beurteilt die Partei als ausländerfeindlich und antisemitisch.

Auch diese beiden Parteien sind nach wie vor erlaubt bei uns. Ihre Mitglieder und Unterstützer können gegen Juden hetzen, Hitler verehren und völlig eindeutig auf die Abschaffung unserer Demokratie hinarbeiten. Es gibt buchstäblich *nichts*, was rechtsextreme Parteien tun könnten, um bei uns verboten zu werden.

Wir müssen uns in Deutschland endlich auf eine klare Linie festlegen: Faschisten dürfen in diesem Land – und erst recht in unseren Parlamenten – nie wieder einen Fuß auf den Boden bekommen. Es ist erbärmlich, dass man das überhaupt ausdrücklich betonen muss. Aber dieser Staat hat es bis heute nicht verstanden. Der berühmte Ausspruch »Kein Fußbreit den Faschisten« ist kein linksverträumter Wohlfühl-Slogan. Er ist die fundamentale Erkenntnis unserer Geschichte. Es ist ein ewiges Versprechen, dem wir gleich in doppelter Hinsicht verpflichtet sind: Gegenüber der vorherigen Generation, die unter den Verbrechen unserer Vorfahren leiden musste, aber auch gegenüber allen nachkommenden Generationen, dass wir solche Abscheulichkeiten nicht erneut möglich werden lassen.

Dreh- und Angelpunkt für ein sicheres und friedliches Deutschland muss daher die konsequente Bekämpfung

von Faschisten sein. Rechtsextreme Parteien gehören verboten – völlig egal, ob sie bei Wahlen viele Millionen Stimmen bekommen oder nur eine einzige. Wer ein Verbot solcher Parteien ablehnt, weil sie heute doch noch nicht stark genug seien, um unsere Demokratie *wirklich* abzuschaffen, den frage ich: Worauf wollt ihr denn warten? Bis sie stark genug sind, dass sie es schaffen? Bis ein Verbot nicht mehr möglich ist?

Es muss auch endlich ein Ende haben mit dem Eiertanz um die AfD. Diese ständigen Fragen und Debatten: Sollte die Partei verboten werden oder nicht? Vertreten ihre Mitglieder verfassungsfeindliche Ansichten oder nicht? Arbeiten sie auf eine Zerstörung unserer demokratischen Kultur hin oder nicht?

Man kann über diese Fragen lange alleine vor sich hingrübeln. Man kann aber auch darauf hören, was ehemals hochrangige AfD-Politiker aus der Gründungszeit der Partei über das Monster sagen, dass sie da erschaffen haben. Die AfD wurde 2013 gegründet, die ersten Sprecher des Parteivorstandes (quasi die ersten AfD-»Chefs«) waren Bernd Lucke, Frauke Petry und Konrad Adam. Diese Menschen bildeten anfangs das Machtzentrum und hatten einen unvergleichlich nahen Blick auf das Innere dieser Partei – und wie sie sich schon nach kurzer Zeit wandelte.

Der AfD-Gründer Bernd Lucke trat bereits nach zwei Jahren wieder aus der Partei aus. Er erklärte 2015 öffentlich, dass sich »islamfeindliche und ausländerfeindliche Ansichten« in der Partei »immer stärker ausbreiten und die ursprüngliche liberale und weltoffene Ausrichtung der AfD in ihr Gegenteil verkehren« würden. Aus seiner

Sicht sei »das Ringen um die Zukunft der AfD aussichtslos geworden«, die Partei sei hoffnungslos an die Rechtsextremisten verloren.

Wieder zwei Jahre später, 2017, verließ die damalige Parteichefin Frauke Petry die AfD und verurteilte im Interview mit der *Zeit* die Fremdenfeindlichkeit in der AfD: »Parolen wie ›Deutschland den Deutschen‹, wie sie von Höcke oder Poggenburg kommen, und die im Grunde auch nur bedeuten ›Ausländer raus‹ – das ist definitiv nicht meine Linie.«

2020 trat mit Konrad Adam schließlich das letzte Gründungsmitglied aus dem allerersten Parteivorstand aus der AfD aus. Gegenüber *Spiegel Online* hatte er schon Jahre zuvor über die Gesinnung von Parteimitgliedern geklagt – »den Geist der NPD möchte ich in der AfD nicht haben« – und unter anderem von Scharfmacher Björn Höcke gefordert, er solle »nicht weiter provozieren oder die AfD verlassen«. Doch auch er kann die AfD nicht vom radikalen Kurs abbringen: Die Partei driftet unaufhörlich immer weiter nach rechts. *

Die AfD ist 2013 nicht als Neonazi-Partei gestartet, doch sie hat sich über die Jahre verändert. Sie hat sich radikalisiert und ist heute der zentrale Knotenpunkt rechter Kräfte im Land. Ihre Mitglieder fallen regelmäßig mit menschenverachtenden Äußerungen auf. 2019 wird

---

* Ich will hier übrigens weder Lucke, Petry oder Adam in Schutz nehmen. Aus meiner Sicht tragen sie eine Mitverantwortung für das Erstarken faschistischer Kräfte im Land und haben teils selbst haltlose Verschwörungstheorien und üble Hetze verbreitet. Dass selbst diesen ehemaligen Führungsfiguren die AfD zu extrem wurde, ist kein Beleg dafür, wie »einsichtig« oder »vorbildlich« sie wären, sondern im Gegenteil eher dafür, *wie* radikal diese Partei mittlerweile geworden ist.

ein erschütterndes Gutachten des Verfassungsschutzes öffentlich:* Auf nicht weniger als 436 Seiten tragen die Beamten akribisch zusammen, wie sich die AfD »gegen die freiheitliche demokratische Grundordnung« von Deutschland richtet. Dazu werten sie öffentliche Äußerungen von AfD-Politikern aus, etwa aus Reden, Interviews oder den sozialen Netzwerken. Aus der umfangreichen Analyse geht hervor, dass in der Partei eindeutig verfassungsfeindliche Einstellungen verbreitet sind. Zusätzlich weist man auf klare »Verbindungen von AfD-Führungsfunktionären zu rechtsextremistischen Organisationen« hin. Doch mal wieder geschieht – nichts. Auf eine »systematische Beobachtung« der AfD (und somit auch ein mögliches Parteiverbot) will man sich trotz aller Warnsignale nicht einlassen. Die Begründung des Verfassungsschutzes für diese Entscheidung ist geradezu spektakulär: »Dabei war auch entscheidend, dass die Partei in allen Landesparlamenten und im Bundestag vertreten ist, in ihrer aktiven politischen Rolle also der Wählerwille zum Ausdruck kommt.«

Es kann einem dabei eiskalt über den Rücken laufen. Wir erinnern uns: Die NPD können wir leider nicht verbieten, weil sie *zu wenig* Erfolg hat. Die AfD können wir auch nicht verbieten, weil sie *zu viel* Erfolg hat. Irgendwas ist immer, nicht wahr?

Deutschland muss endlich zu sich kommen. Es kann nicht sein, dass unser Staat gegen offene Feinde der Verfassung hilflos ist. Ein ums andere Mal duckt man sich

---

* Möglich wurde dies durch die exzellente Arbeit der Journalisten von netzpolitik.org, die das eigentlich geheime Gutachten in voller Länge online zugänglich machten.

weg und lässt die Feinde unserer Freiheit weitermachen, als wäre alles in bester Ordnung. Es ist ein beschämender Vorgang, der letztlich Rechtsextremisten ermutigt und dafür sorgt, dass ihre barbarische Weltanschauung immer stärker Gehör findet. Ja, in Deutschland gelten bewusst hohe Hürden für Parteiverbote. Doch dadurch sollte ursprünglich verhindert werden, dass faschistische Kräfte andere Parteien willkürlich verbieten können – und nicht, dass diese faschistischen Kräfte dadurch selbst nahezu unangreifbar werden. Eine wehrhafte Demokratie muss rechtsextreme Strukturen zerschlagen und darf sie nicht durch Steuergelder mitfinanzieren.

Unter Berücksichtigung aller mir verfügbaren Informationen kann ich persönlich nur zum Schluss kommen, dass die AfD die aktuell größte Bedrohung für unsere Demokratie ist. Sie ist eine destruktive Kraft, die unser politisches System verachtet, es von innen aushöhlt und maßgeblich zur Ausbreitung faschistischen Gedankenguts in der Bevölkerung beiträgt. Deshalb sollte sie verboten werden. Wenn der aktuelle deutsche Staat, die Bundesrepublik, es nicht schafft, sich gegen seine Feinde zur Wehr zu setzen, wird er ebenso zerfallen, wie die zahlreichen deutschen Staaten vor ihm.*

Ich weiß: Verbietet man die AfD, gründen ihre Mitglieder und Anhänger danach eben eine neue Partei. Statt »Alternative für Deutschland« dann vielleicht »Für alter-

---

* Das Paradebeispiel wäre natürlich die Weimarer Republik, also das Deutsche Reich vor der Machtergreifung der Nationalsozialisten. Die Parallelen sind tatsächlich so eng, dass AfD-Abgeordnete es 2019 in der ZDF-Sendung *Berlin direkt* nicht schafften, bei Zitaten zu unterscheiden, ob sie von Björn Höcke oder Adolf Hitler stammten.

native Deutsche«, »Deutsche Alternative« oder meinetwegen auch »AfD 2 – Director's Cut«. Es ist mir völlig egal, wie sich die Feinde unserer Freiheit nennen. Der gefährliche Inhalt bleibt derselbe und daran ändern auch wechselnde Namen oder Farben nichts. Oder wie es die berühmten Worte von AfD-Politiker Dubravko Mandic auf den Punkt bringen: »Von der NPD unterscheiden wir uns vornehmlich durch unser bürgerliches Unterstützer-Umfeld, nicht so sehr durch Inhalte.«

Sollen sich AfD, NPD, Die Rechte, Der III. Weg, und wie sie alle heißen, nach ihrem Verbot doch neu gründen. Viel Spaß beim Designen eurer neuen Logos!

Aber wir dürfen es ihnen nicht so leicht machen wie bisher. Je länger wir diese Strukturen wachsen lassen, umso stärker und gefährlicher werden sie.

Wir dürfen den Schneeball nicht zur Lawine werden lassen.

SCHLUSSWORT

»Der Kampf adelt,
nicht der Sieg.«

Batman

Nach all den negativen – und teils beschämenden – Dingen, die ich in diesem Buch über den Zustand unserer Nation aufgeführt habe, könnten die folgenden Worte irritieren: **Ich liebe Deutschland.**

Wie könnte ich anders?

In diesem Land bin ich aufgewachsen. Hier habe ich Freunde fürs Leben gefunden. Dieses Land hat mir meine Ehefrau, die Frau meiner Träume, geschenkt. Und es hat mir eine Karriere ermöglicht, die in vielen anderen Ländern undenkbar wäre.

Was ich tue? Ich spreche beruflich über das, was bei uns – aus meiner Sicht – schiefläuft. Denn auch wenn ich das Land zu schätzen weiß, bedeutet das nicht, dass ich blind für seine Schwächen bin: all die kleinen und großen Fehler im System, die unfairen Nachteile, die man nicht vergessen darf; Menschen, die hart arbeiten, aber damit kaum über die Runden kommen; riesige Konzerne, die trotz Milliardengewinnen kaum Steuern zahlen; machthungrige Politiker, die ihre Wähler belügen. Über solche und weitere Probleme schreibe ich Bücher, drehe Filme und stelle nahezu täglich Beiträge online.

Das wäre schwierig in Nordkorea.

Oder Russland.

Oder China, Türkei, Iran, Saudi-Arabien. Oder, oder, oder.

Allein dafür bewundere ich dieses Land. Es ist nicht perfekt, aber gibt jedem die Chance, auf Missstände aufmerksam zu machen. Es ist ein Land, in dem vieles falsch, aber das Entscheidende richtig läuft. Es unterdrückt die Stimmen der Unzufriedenen nicht. Es hält die Kritik aus und wächst daran. Das kann einem selbstverständlich vorkommen, aber das ist es nicht. Anders gesagt: Man kann in Deutschland die Mächtigen kritisieren, ohne dafür ins Gefängnis zu kommen. Dadurch kann ich wiederum einen Job ausüben, der mir wichtig scheint und mich ausfüllt. Klasse.

Aber es ist mehr als das.

Meine gesamte Familie stammt aus dem Osten. Ja, aus *dem* Osten. DDR und so. Diktatur, Schießbefehl, keine Bananen, das volle Programm. Als am 9. November 1989 die Mauer fällt, bin ich zwei Jahre alt. Noch am Morgen gehen viele davon aus, dass die Berliner Mauer noch mindestens 100 Jahre stehen wird. Am selben Abend fällt das Ding. So schnell kann's gehen.

Bewusst etwas von der DDR mitbekommen habe ich also nicht. Glück gehabt. Ich kenne nur die Geschichten meiner Verwandten: Gruselige Erinnerungen meines Vaters über das Leben in einer Diktatur. Noch mehr gruselige Anekdoten von meinem Onkel. Das unvermeidliche Es-war-aber-nicht-alles-schlecht von einem anderen Onkel. Viele Familien aus dem Osten kennen das. Ich lerne daraus zwei Dinge. Erstens: Es gibt tatsächlich Menschen, die sich in einem totalitären Unterdrückerstaat durchaus wohlfühlen können. Solange sie es nur selbst gemütlich genug haben, stören sie sich nicht an der Verfolgung, Folter oder Ermordung anderer Menschen.

Zumindest können sie im Zweifel darüber hinwegsehen. Zweitens: Von einem Tag auf den anderen kann sich alles ändern.

Es ist das »alte« Deutschland, die westdeutsche Bundesrepublik, die mir und meiner Familie damals eine neue Chance gibt. Nicht lange nach dem Fall der Mauer ziehen wir nach Nordrhein-Westfalen. Kurz vor die niederländische Grenze, noch weiter nach Westen geht nicht. Ich wachse in einem multikulturellen Umfeld auf, erlebe Deutschland als offene, tolerante Heimat. Meine Freunde kommen aus der Türkei, Sri Lanka, China, Afghanistan, Indien, überallher. Deutschland nimmt sie und ihre Familien auf, bringt uns zusammen. Wir verdanken diesem Staat ein Leben in Frieden und Sicherheit. Er erlaubt uns eine echte Kindheit – ohne Hunger, Arbeit oder Angst vor dem nächsten Tag.

Ich bin dankbar. Dankbar für ein Leben ohne Mauer. Schule in NRW und Schwimmenlernen in westdeutschen Baggerseen, Sommerferien bei der Familie auf dem Land in Sachsen-Anhalt, Opas Geburtstagsfeiern in Berlin, kurze Urlaube an Nord- und Ostsee. Deutschland ist für mich nicht geteilt, sondern eins. Meine Heimat.

Für den Rest meines Lebens werde ich ein warmes Gefühl im Herzen tragen, wann immer ich an all diese Geschenke zurückdenke. Allerdings muss ich mir mittlerweile etwas eingestehen. Etwas, das mir weder Freude bereitet noch leichtfällt. Aber es ist so: Deutschland ist heute nicht mehr das Land, für das ich es gehalten habe.

Ich habe Deutschland immer bewundert. Als Ort, der seine dunkle Vergangenheit hinter sich lassen konnte und nach vorne strebt. Eine Nation, auf deren Boden der

Nationalsozialismus Millionen Menschen tötete und anschließend der Kommunismus Millionen Menschen einsperrte; die aber aufgrund dieser Erfahrungen ein für alle Mal festgestellt hat, dass es nur einen Weg in die Zukunft geben kann: Freiheit und Nächstenliebe.

Zu einem Teil mag das zutreffen. Aber die Ereignisse der letzten Jahre haben mir vor Augen geführt, dass ich insgesamt falschlag. Es gibt heute keinen Konsens mehr darüber, dass Diktaturen schlimm sind oder Faschismus falsch ist. Es gibt nicht »das« Deutschland, das nach vorne strebt und aus seiner Geschichte gelernt hat.

Es gibt nur uns.

Uns alle, die wir hier gemeinsam auf einem Haufen zusammenleben. Wir sind alles, was wir haben, mitsamt all unseren unterschiedlichen Ideen davon, was richtig und was falsch ist. Dabei sollten wir uns keinen Illusionen hingeben: progressiv gegen konservativ, Fortschritt gegen Rückfall, Wissenschaft gegen Aberglaube und vor allem Liebe gegen Hass – dieser Streit zwischen uns wird nie eine abschließende Entscheidung finden.

Es gibt keinen »Sieg«, kein in Stein gemeißeltes Ziel am Ende. Keine Linie, die es zu überqueren gilt, ab der plötzlich alles auf magische Weise und für immer gut wird. Alles, was es gibt, ist ein immerwährendes Verhandeln darüber, was unsere nächsten Schritte sind. Ein unendliches Auf und Ab von Hoffnungen und Ängsten, von sachlichen Argumenten und hysterischen Ablenkungen.

Man kann diesen Kampf nicht gewinnen. Man kann ihn nur kämpfen. Immer und immer wieder. Ein ums andere Mal gegen Faschismus Stellung beziehen, unerlässlich für die Demokratie werben. Demonstrieren, laut sein, aufklären, vergeben und niemals, niemals die Hoffnung verlieren. Das mag erdrückend und anstrengend klingen. Gerade bei der Aussicht, dass man einige Menschen nie überzeugen wird, dass es immer einen Teil der Gesellschaft geben wird, der Freiheit und Frieden aktiv bekämpft.

Wir werden nie gegen die Barbaren gewinnen.

Doch solange wir kämpfen, werden sie es auch nicht.

Moment, das war's noch nicht!

Zumindest muss es das nicht gewesen sein. Auf meinen Online-Profilen geht es weiter, mit zahlreichen Videos, Bildern und schlechten Sprüchen! Egal, ob YouTube, Facebook, Twitter oder Instagram, einfach nach »Rayk Anders« suchen und ihr findet mich schon.

Bis gleich, wenn ihr mögt! Ich freue mich auf euch!
Euer Freund Rayk

»Verbale Prügelstrafe für hirnverbrannte Verschwörungstheoretiker«

arte